U0153768

思想的・睿智的・獨見的

經典名著文庫

學術評議

丘為君　吳惠林　宋鎮照　林玉体　邱燮友
洪漢鼎　孫效智　秦夢群　高明士　高宣揚
張光宇　張炳陽　陳秀蓉　陳思賢　陳清秀
陳鼓應　曾永義　黃光國　黃光雄　黃昆輝
黃政傑　楊維哲　葉海煙　葉國良　廖達琪
劉滄龍　黎建球　盧美貴　薛化元　謝宗林
簡成熙　顏厥安（以姓氏筆畫排序）

策劃　楊榮川

五南圖書出版公司 印行

經典名著文庫

學術評議者簡介 (依姓氏筆畫排序)

- 丘為君　美國俄亥俄州立大學歷史研究所博士
- 吳惠林　美國芝加哥大學經濟系訪問研究、臺灣大學經濟系博士
- 宋鎮照　美國佛羅里達大學社會學博士
- 林玉体　美國愛荷華大學哲學博士
- 邱燮友　國立臺灣師範大學國文研究所文學碩士
- 洪漢鼎　德國杜塞爾多夫大學榮譽博士
- 孫效智　德國慕尼黑哲學院哲學博士
- 秦夢群　美國麥迪遜威斯辛大學博士
- 高明士　日本東京大學歷史學博士
- 高宣揚　巴黎第一大學哲學系博士
- 張光宇　美國加州大學柏克萊校區語言學博士
- 張炳陽　國立臺灣大學哲學研究所博士
- 陳秀蓉　國立臺灣大學理學院心理學研究所臨床心理學組博士
- 陳思賢　美國約翰霍普斯大學政治學博士
- 陳清秀　美國喬治城大學訪問研究、臺灣大學法學博士
- 陳鼓應　國立臺灣大學哲學研究所
- 曾永義　國家文學博士、中央研究院院士
- 黃光國　美國夏威夷大學社會心理學博士
- 黃光雄　國家教育學博士
- 黃昆輝　美國北科羅拉多州立大學博士
- 黃政傑　美國麥迪遜威斯康辛大學博士
- 楊維哲　美國普林斯頓大學數學博士
- 葉海煙　私立輔仁大學哲學研究所博士
- 葉國良　國立臺灣大學中文所博士
- 廖達琪　美國密西根大學政治學博士
- 劉滄龍　德國柏林洪堡大學哲學博士
- 黎建球　私立輔仁大學哲學研究所博士
- 盧美貴　國立臺灣師範大學教育學博士
- 薛化元　國立臺灣大學歷史學系博士
- 謝宗林　美國聖路易華盛頓大學經濟研究所博士候選人
- 簡成熙　國立高雄師範大學教育研究所博士
- 顏厥安　德國慕尼黑大學法學博士

經典名著文庫094

政治經濟體要素
（經濟學綱要）
Elements of Political Economy

詹姆斯・彌爾 著
（James Mill）

周憲文 譯

李華夏 審定

經 典 永 恆・名 著 常 在

五十週年的獻禮・「經典名著文庫」出版緣起

五南，五十年了。半個世紀，人生旅程的一大半，我們走過來了。不敢說有多大成就，至少沒有凋零。

五南忝爲學術出版的一員，在大專教材、學術專著、知識讀本已出版逾七千種之後，面對著當今圖書界媚俗的追逐、淺碟化的內容以及碎片化的資訊圖景當中，我們思索著：邁向百年的未來歷程裡，我們能爲知識界、文化學術界作些什麼？在速食文化的生態下，有什麼值得讓人雋永品味的？

歷代經典・當今名著，經過時間的洗禮，千錘百鍊，流傳至今，光芒耀人；不僅使我們能領悟前人的智慧，同時也增深加廣我們思考的深度與視野。十九世紀唯意志論開創者叔本華，在其〈論閱讀和書籍〉文中指出：「對任何時代所謂的暢銷書要持謹慎的態度。」他覺得讀書應該精挑細選，把時間用來閱讀那些「古今中外的偉大人物的著作」，閱讀那些「站在人類之巔的著作及享受不朽聲譽的人們的作品」。閱讀就要「讀原著」，是他的體悟。他甚至認爲，閱讀經典原著，勝過於親炙教誨。他說：

> 「一個人的著作是這個人的思想菁華。所以，儘管一個人具有偉大的思想能力，但閱讀這個人的著作總會比與這個人的交往獲得更多的內容。就最重要

的方面而言，閱讀這些著作的確可以取代，甚至遠遠超過與這個人的近身交往。」

為什麼？原因正在於這些著作正是他思想的完整呈現，是他所有的思考、研究和學習的結果；而與這個人的交往卻是片斷的、支離的、隨機的。何況，想與之交談，如今時空，只能徒呼負負，空留神往而已。

三十歲就當芝加哥大學校長、四十六歲榮任名譽校長的赫欽斯（Robert M. Hutchins, 1899-1977），是力倡人文教育的大師。「教育要教真理」，是其名言，強調「經典就是人文教育最佳的方式」。他認為：

「西方學術思想傳遞下來的永恆學識，即那些不因時代變遷而有所減損其價值的古代經典及現代名著，乃是真正的文化菁華所在。」

這些經典在一定程度上代表西方文明發展的軌跡，故而他為大學擬訂了從柏拉圖的《理想國》，以至愛因斯坦的《相對論》，構成著名的「大學百本經典名著課程」。成為大學通識教育課程的典範。

歷代經典·當今名著，超越了時空，價值永恆。五南跟業界一樣，過去已偶有引進，但都未系統化的完整鋪陳。我們決心投入巨資，有計畫的系統梳選，成立「經典名著文庫」，希望收入古今中外思想性的、充滿睿智與獨見的經典、名著，包括：

- 歷經千百年的時間洗禮，依然耀明的著作。遠溯二千三百年前，亞里斯多德的《尼克瑪克倫理學》、柏拉圖的《理想國》，還有奧古斯丁的《懺悔錄》。
- 聲震寰宇、澤流遐裔的著作。西方哲學不用說，東方哲學中，我國的孔孟、老莊哲學，古印度毗耶娑（Vyāsa）的《薄伽梵歌》、日本鈴木大拙的《禪與心理分析》，都不缺漏。
- 成就一家之言，獨領風騷之名著。諸如伽森狄（Pierre Gassendi）與笛卡兒論戰的《對笛卡兒『沉思』的詰難》、達爾文（Darwin）的《物種起源》、米塞斯（Mises）的《人的行為》，以至當今印度獲得諾貝爾經濟學獎阿馬蒂亞·森（Amartya Sen）的《貧困與饑荒》，及法國當代的哲學家及漢學家余蓮（François Jullien）的《功效論》。

梳選的書目已超過七百種，初期計畫首為三百種。先從思想性的經典開始，漸次及於專業性的論著。「江山代有才人出，各領風騷數百年」，這是一項理想性的、永續性的巨大出版工程。不在意讀者的眾寡，只考慮它的學術價值，力求完整展現先哲思想的軌跡。雖然不符合商業經營模式的考量，但只要能為知識界開啟一片智慧之窗，營造一座百花綻放的世界文明公園，任君遨遊、取菁吸蜜、嘉惠學子，於願足矣！

最後，要感謝學界的支持與熱心參與。擔任「學術評議」的專家，義務的提供建言；各書「導讀」的撰寫者，不計代價地導引讀者進入堂奧；而著譯者日以繼夜，伏案疾書，更

是辛苦，感謝你們。也期待熱心文化傳承的智者參與耕耘，共同經營這座「世界文明公園」。如能得到廣大讀者的共鳴與滋潤，那麼經典永恆，名著常在。就不是夢想了！

總策劃　楊榮川

二〇一七年八月一日

導　讀

　　先交代詹姆斯・彌爾（James Mill）的生平，再論其學術成就及對後世的影響，最後談一下「政治經濟體」的思想脈絡。

一、成長環境：天資聰穎　有母如孟

　　詹姆斯1773年4月6日生於蘇格蘭安格斯（Angus）區，弗福爾郡（Forfarshire）的洛基伯特（Logie pert）教區。父親（James Milne）是位鞋匠兼小農場主，沉默寡言，脾氣好，樂於付出。母親（Isabel Fenton Milne）則較為強勢，一心期望其長子詹姆斯能位居世界之首，甚至將詹姆斯的姓從蘇格蘭味的Milne改為具英格蘭化的Mill；並嚴督詹姆斯不與別的小孩嬉戲，只能全心專注學習。詹姆斯七歲前已展露雄辯、作文、算學、拉丁文和希臘文的天分，致引起教會學校的注意。十歲或十一歲被送往蒙洛斯教區學校（Montrose Academy）受到特殊照顧，在老師們眼中全是「聰穎和堅毅」的評讚。詹姆斯在高中畢業離開學校前，被教區的牧師和母親說服，接受約翰・史都華爵士（Sir John Stuart）夫人珍妮（Jane）的贊助，進入愛丁堡大學（University of Edinburgh），先完成大學學位，再受訓為長老會（presbyterian）的牧師，並以作為珍妮女士十四歲女兒Wilhelmina的家庭教師來支應生活開支，遂譜出一段心酸的愛情，後因詹姆斯出身寒微未能結縭。

　　Wilhelmina於1797年嫁給同一階級成員為妻，卻在分娩

後離世；死前最後一口氣仍喊著詹姆斯，致詹姆斯終其一生難忘這段師生戀，並給其長女以Wilhelmina命名；長子則以差點成為其岳父的姓名為名。

二、教育薰陶：躋身名校　啟蒙之原

蘇格蘭境內各大學如愛丁堡（Edinburgh）、格拉斯哥（Glasgow）、亞伯丁（Aberdeen）和聖安德魯斯（St. Andrews），早期是蘇格蘭啟蒙運動的搖籃，人文薈萃，現仍是大不列顛王國的重要學府地區，詹姆斯在愛丁堡大學得到杜格爾德・斯圖爾特（Dugald Stewart）的指導，繼承蘇格蘭道德哲學的傳統；詹姆斯同時也涉獵歷史學、政治經濟體及古典主義；其中，包括他最愛的希臘哲學家柏拉圖（Plato），詹姆斯常自稱是希臘學者。但，詹姆斯的思維深烙著蘇格蘭教育的印記，致其長子約翰・史都華・彌爾（John Stuart Mill）稱之為「這個偉大學派的最後倖存者」。

三、社會歷練：往來俊碩　引領風潮

詹姆斯畢業後沒當牧師，一直靠給貴族做家庭教師來維持生計，因階級關係，似乎相處得都不愉快，也不受重視，遂埋下他仇視世襲貴族制的思想。1802年毅然陪同其恩人，時任英國國會議員的約翰・史都華爵士前往倫敦，擔任《文學期刊》（*Literary Journal*）的編輯，致力提供人類知識一切新領域的摘要觀點。數年後，結識了傑瑞米・邊沁（Jeremy Bentham），且和邊沁的學生，包括法學家約翰・奧斯汀（John Austin）、歷史學家喬治・葛羅特（George Grote）、

經濟學家大衛‧李嘉圖（David Ricardo）等過從甚密。

　　詹姆斯和邊沁相識不久即組成一政治和哲學同盟：「哲學激進派」（Philosophic Radicals），兩人的精神都希望替宗教容忍和法律改革盡點心力；都傾向言論和出版的自由；都擔心英國政治體系改革的失敗，會帶來反動和不妥協，及過激革命；其中，最關切的議題是廢止「弱體選舉區」（rotten borough，指選民人數少仍可選出議員的選區）及擴充參政權。但，兩人在出身背景及脾氣上有相當大的差異。邊沁是富裕的單身漢，也是天才怪胎及空想哲學家；詹姆斯是已婚子女多、貧苦及辛勤。詹姆斯在宣揚效益至上主義（utilitarianism）運動是主要解說員且極具說服力的實用夥伴；他認同邊沁「所有人類的活動都爲了追求愉悅及避免痛苦這個孿生目標」，因此，效益至上主義的哲學就認爲自利是被理解爲愉悅或幸福應「極大化」，而痛苦應「極小化」；個人的自利如此，公眾的自利也如此；所以，有關立法和公共政策目標就是提倡「最大多數人的最大福祉」。

　　詹姆斯因生活拮据，不只一次在接受邊沁的財務支助和遭受其斥責時，吞下自尊；實由於邊沁易怒且很難相處，致後來兩人漸行漸遠。詹姆斯對邊沁的影響是，令邊沁重視經濟因素在詮釋和改變社會生活及政治體制的重要性；並將邊沁「從上而下」的貴族改革，轉變爲較「由下而上」菁英式的方向。

　　詹姆斯是一位嚴肅的蘇格蘭長老會成員，又帶有柏拉圖的特徵，對純粹享樂主義（hedonism）是抱著懷疑態度的；他與柏拉圖一樣將愉悅層級化；感官的愉悅是從屬於智性的愉悅。詹姆斯的心理學是追隨大衛‧休謨（David Hume）和大

衛·哈特利（David Hartley），認為人類心智生活的資訊都透過觀念聯想（association）而來。

四、學術影響：創立學派　改革入法

詹姆斯初到倫敦在1802-1819年間著作驚人，除了1400多篇社論及數百篇有分量的論文和評論外（當然大部分都是為了糊口而寫）；1805年他翻譯了法國哲學家維耶（C. F. Villers）的《論路德改革的精神和影響》（*An Essay on the Spirit and Influeace of the Reformation of Luther*），旨在抨擊教皇制的弊病。1806年開始撰寫《英屬印度史》（*History of British India*），是首位將印度分為印度教、穆斯林和英屬三部分的歷史書籍，歷經十一年始完稿，該書共十冊，乃研究印度不可或缺的文獻（而其本人竟沒踏入過印度），詹姆斯據此獲聘擔任英國東印度公司的主管職位至終身；他以政治經濟體的語彙、經濟和社會因素來詮釋印度的歷史事件。詹姆斯自豪其文章是「大膽的坦率」在《英屬印度史》展露無遺；書內毫不掩飾其對印度習俗和宗教儀式的責難；並斥之為「粗魯」及「落後」的文化，以致得採「效益至上理性主義」這劑強效藥作為解方；一方面替英國介入印度事務做辯護，更是要將其蘇格蘭式教育的影響加以擴散。詹姆斯堅信「人類是進化的物種，而教育是進步的主要引擎」。詹姆斯實踐效益至上主義最有名的例子，就是將此原則施教在其長子身上；雖然約翰·史都華·彌爾往後體認到他父親在系統培育正常情緒上的缺點（詹姆斯排斥詩學），但仍認為給了他超越其同輩廿五年的歷練功力。

　　詹姆斯從1809-1813年給《愛丁堡評論論》（*Edinburgh Review*）寫稿，第一篇著名文章爲「貨幣與外匯」（Money and Exchange）；1808年於《年度評論》（*Annual Review*）發表了兩篇文章：「評福斯歷史」（Review of Fox's History）和「邊沁的法律改革」（Bentham's Law Reforms）；詹姆斯於1811年和威廉・艾倫（William Allen）在《慈善家期刊》（*Philanthropist Journal*）就許多議題：如教育、出版自由、監獄紀律發表意見，他大事抨擊邊沁的圓形監視（panopticon），也不滿教堂援引「彼此指引」的教育方式（即透過較具能力的學生，協助老師將其領略轉傳給其他同學），從而在討論中催生了1825年倫敦大學（University of London）的創立。詹姆斯從1814年起寫了很多文章宣揚效益至上主義，也給大英百科全書第五版補充有關法理學、監獄、政府、及民族國家的法律等條目；在此大量鼓吹採取效益至上主義的原則，來解決法律到教育的社會問題。加上他和邊沁所組成的「哲學激進派」透過成立組織，及發行《西敏寺評論》（*Westminster Review*）作爲機關刊物，散播有用知識，使效益至上主義運動蔚爲時尚，努力不懈的鼓吹政治改革，最終這些主張都被納入1832年的改革法案中。與此同時，詹姆斯在《西敏寺評論》常抨擊教會至上的制度；隨後，方有1829年《人類思維現象的分析》（*Analysis of the Phenomena of the Human Mind*）這本書。

　　另一本令詹姆斯引以爲傲的書是1828年的《論政府》（*The Essay on Government*），爲一本政治理論的書籍；他自稱是用「對政治這片危險領域和常會迷失又廣大多變的綜合

指引」的心態，提供讀者越過此障礙，或推動改革過程的路線圖。詹姆斯常以理論家自居，他認為理論是先於實踐或經驗，而非僅靠實踐或經驗來導出；理論有先驗性（a priori）發揮猶如氣象風向標和指引的作用。

1831-1833年，詹姆斯大部分時間為東印度公司辯護以取得特許權的換照。1834年詹姆斯寫了一篇有名的「教堂及其改革」文章發表在《倫敦評論》（*London Review*），不僅傷了該期刊，連帶其本人也被認為是位無神論者。

五、本書特點：肯定勞動　地稅最宜

詹姆斯憑藉天賦及寒窗苦讀，邀得貴族賞識進入名校，受到如雲名師的啟迪，而成為蘇格蘭學派的哲學家，仍因門不當戶不對，沒能和其恩人的女兒結為連理；復因所受的長老會牧師訓練，使他成為反對教皇體制的鼓吹者，而被視為無神論者；按理，應對同被壓抑的底層人士給予同情，這固表現在其催生的改革法案上；卻對被殖民的印度，以高人一等的文化觀支持英國介入印度事務，且認為透過東印度公司壟斷專買殖民地物資，最能使英國獲利，忘掉他所推崇的自由貿易精神（他在本書特列「殖民地」一節來闡述，往後還寫了「論殖民地」）。由此可看出其思想主軸的蘇格蘭學風，一如儒家對「士」得「知周萬物」的期許，即「一事不知是儒之恥」，強調多面向的認識新生事物，最重要是一切以英國國家利益為考量。

從詹姆斯的供給之所以產生是為了需求，且一國的利益是來自別國輸入物品；就可推出英國當年用工業製品的產出，大量吸收各殖民地的資源之用意；清朝因不願和其貿易，就用生

產鴉片來腐蝕中國人的心智，以達攫取英國所要物資的目的。直至現在，歐美各國雖不斷埋怨自己的貿易逆差，其實這些國家是透過貨幣寬鬆化，將生產過程的環境汙染留給順差國，本身卻享受優雅的「文明」生活，還可指點江山，實一脈相承。

　　詹姆斯對人類的貢獻，是在他建立脫離教皇控制的政治改革所做的構想，並極力推崇蘇格蘭式的菁英教育，也正因他所處的時代是其祖國國力如日中天，且歐洲啓蒙成效彰顯的時期，故毋須考慮市場經濟運轉，有被外敵入侵或內亂干擾的可能，被殖民的各種不平等，自不在考慮之列；而當時有些國家或地區正因飽受外患內亂的侵蝕而落後，更不是他所要關切的。因此，本書的討論遂缺少了儒家「道濟天下」、「盈科而後進」的扶弱精神，更別說擁有「願得廣廈千萬間，盡庇寒士皆歡顏，吾廬受凍死亦足」的浪漫情懷了，正是有「士」之養、無「儒」之志。

　　表面上，外人對詹姆斯的印象是溫文儒雅、談吐親切；正如約翰·布萊克（John Black）在詹姆斯1836年去世時寫道：「彌爾先生能言善道，辯才無礙，遣詞用句得宜，盡顯其認眞和精力充沛的性格；年輕人尤願與他交往，甚少和他交談而沒感受到其高漲的熱情；與他對話是如此的鼓舞人心及思想結構完整，又簡單扼要及精準表達，聆聽其口語或議論如能記錄下來就是一篇好文章。」但，詹姆斯長子約翰·斯圖爾特（John Stuart Mill）晚年回憶：「我是在缺乏愛和充滿恐懼中長大」；詹姆斯對其妻和其他八名子女也都關係緊張；詹姆斯曾熱烈追求哈利藹（Harriet）（有情書爲證），卻在婚後視其爲蠢女人，連與詹姆斯家庭熟悉之同輩也認同此點。問題

在於，如果哈利藹真蠢，何以會和她結婚，且和她生了九個小孩？這完全違反詹姆斯控制人口的主張。詹姆斯的女兒在詹死後曾替她母親抱不平，說為何如此不智和父親結婚卻相敬如冰？從這些描述中，詹姆斯的性格呈現鮮明的落差，直指詹姆斯在人際和任事上的雙重性：對外人，力求好評以推廣其理想；對親人則父權主義以洩其壓抑。對殖民地，極盡鄙視，也顯露人種的階層化；對祖國（尤其東印度公司）則推崇備至，充滿人道關懷。詹姆斯屢受貴族欺壓，卻一直推崇，讓有閒階級能免除一切瑣碎體力勞動，使其致力於對人類福祉有莫大貢獻的研究，這種社會體制，突顯出其以知識分子的傲慢，一反其對教皇體制箝制歐洲政局的鞭撻，來維護該階級的利益。

詹姆斯在本書的幾個重點現已被新的理論所忽略，如：

1. 勞動是一切物品價值的來源（只提體力，少提智力）；
2. 人口增加永遠高於資本增加，因此，實務改革是限制人口增長（未預見少子化的衝擊）；
3. 最佳的賦稅標的，是沒有收益的增量土地部分（以農為重的思維，且渴望土地國有化）。

讀者可從中掌握其論述的邏輯強度，毋須認同其主張。本書的經典名句有：

1. 科學不在「伸手可使」之內；
2. 勞動除非和自然法則共同運作，勞動是不可能生產出可供消費的東西和物品；
3. 資本的終極來源乃是勞動，⋯⋯最初的工具不是靠任何已有的工具做出來的；
4. 地租是減去分給資本家與勞動者的產出之結果，不是

原因；

5. 所有物品的價值都一定是由勞動決定；

6. 一國完全只由輸入而獲得利益；

7. 物品是為消費而生產；

8. 為生產而消費的物品都是資本；

9. 土地的存在是自然的恩賜，資本則為人類勤勞的產物，土地本非任何人的財產，資本則必有擁有者。

最後對本書英翻中的書名稍作解釋；僅就字義即知economy沒有「學」放之四海皆準的普遍原理意涵；是指有規範性運作機制而言，當然可當作一門科學。英國在18、19世紀稱霸全球，又受法國大革命的啟發，很多知識分子竭盡心力想建立一個政、經、法相融的社會體系，所以對整個社會經濟的活動，即生產、分配、交換、消費、國與國間的貿易、資本的積累之規律、人與人間的關係、人民與政府的法律關係加以論辯，是那時代知識分子寫給當權者和立法者的政策建議書（注意，所有的立法者都是為他們的利益而立法的），是一套有系統的描繪各自的理想國，不一定是一般原理，故詹姆斯採用要素（elements）；因「政治」一詞廣義指，所有個人之間的活動可視為複雜的交換。

詹姆斯私淑希臘的柏拉圖，柏拉圖在《理想國》（*The Republic*，拉丁語為*Res Publica*）一書，集中論述如何管理國家使人們生活得更美好，將公領域（相較於家政經濟體的奴隸管理私領域）人際間的管理方式歸納出：

1. 在管理方式上，最常見的是透過特殊的人與人相處之道（如倫理、習俗、禮樂）；或抽象的規則（如法律）。

2. 在權力來源上，可透過國家權威或行政力量；也可由民間機構；更可採民主方式。

詹姆斯依此將經濟分析引申到社會改革領域，從而將亞當‧史密斯（Adam Smith）的古典經濟理論、經濟政策和社會哲學整合起來認爲：

1. 生產方式和規律是受自然法則的支配，而非人意所能改變，將自然條件（土地、氣候）和科學結合；

2. 分配由經濟力量決定，完全是人的意志和制度的問題；政府和國家不能規定各種分配制度的作用，但有權選擇何種分配制度。

但當經濟分析逐漸將人從有情感有倫理的具體情境中抽象化成，爲自利而活的「理性」個體時，個人的自利行爲只涉及私領域，公領域的管理則片面化，僅注重從上而下的政府管理，排除了社會倫理和習俗的自主性協調行爲後，「政治經濟體」論述中與政治相關的核心僅強調國家因素；也就是選擇國家作爲經濟單位的「總體經濟學」，逐漸偏離了平等關係的倫理方式，形成了如今科學化的「經濟學」而非「經濟體」。倫理學原脫胎自中世紀神學，這種先驗性倫理律令隨著世俗經濟活動的興起顯得不相適應。「經濟學」遂將研究對象縮小在自利動機和政府權力，對經濟活動及其行爲後果，所產生的影響，即拋棄了倫理因素，以建構純經濟理論的「學」。時下對「政治經濟體」的學術理解上，等同於強調國家作用的「經濟學」，用「國家或政府行爲」來理解政治經濟體的「政治」這個詞，是窄化了「政治經濟體」的本質。因此，本應正視「對具體社會關係下行爲和現象的研究」隨著古典主義強調個人的

經濟決策占據主要地位，政治對經濟單向的影響逐漸式微，學術界遂視「政治經濟體」為「古典經濟學」的一個誤會。

　　古典主義到了後期，西方社會制度和社會生產逐漸上軌道；物質生產的創造已不再是「經濟學」考慮的問題，又因排斥當時盛行的社會主義思潮，主流經濟學極力維護資本主義制度，刻意避免討論生產關係這一範疇。主流經濟學研究的焦點就落到，如何在既定條件下提高個人的福利，即從原先的財富創造和制度改革轉向到個人效用的研究，又從關注的核心問題由公領域轉到私領域；逐漸把社會上的行為主體回歸到純粹的孤立自我，將人們在社會經濟活動中所形成的經濟關係，在「經濟體」研究中排除了，從而分化出更加抽象化的新名詞「經濟學」（economics）。

　　由上可知，先哲們在「政治經濟體」是充滿人文關懷精神，而非單純稀缺性資源配置的研究。如今，經濟學界就分化出兩類經濟學研究：

1. 經濟學主要偏重在人與自然的關係層面，強調個人的自主行為，視經濟學為自然科學的一支；
2. 政治經濟學主要關注人與人關係的層面，強調社會性和人文性、社會福利和個體福利的改進。

　　「政治經濟體」經過此一演變後，將行為主體置於複雜的社會環境中，即視經濟學為社會科學的分支，可稱之為「社會經濟學」或「政治經濟學」。

李華夏 書於庚子年、正月、初七、人日

譯　序

　　本書的翻譯，完全出於一位朋友的關懷與惠；人與人之間，互助是最可愛的，因擬譯《互助論》；但此書爲無政府主義的經典，是否適合時宜，不無躊躇（我已有李石曾先生的譯本，惜不完全）。

　　既寫「譯序」，則要對著者的經歷與本書的特點略介紹。著者詹姆斯·彌爾（James Mill, 1773-1839），生於蘇格蘭〔李嘉圖（Ricardo）亦生於1773年〕，父親是一鞋匠。他受母親的護持，「棄工就讀」，終在愛丁堡大學（University of Edinburgh）研究神學，取得牧師資格；1802年初前往倫敦；1805年結婚；1819年任職於東印度公司；1839年去世。他有九個孩子，長子就是大名鼎鼎的約翰·斯圖爾特·彌爾（J. S. Mill，參看拙譯 J. S. Mill《政治經濟體原理》譯序）。據 J. S. Mill 自傳，本書的「產生」，是在父子一起散步的時候；蓋1817年，李嘉圖的《政治經濟體與賦稅原理》出版，轟動一時；但此書「行文晦澀，體裁凌亂」（參看本叢書第七種潘譯序文），不易閱讀，「父親」就在散步的時候，爲「孩子」講解〔從亞當·史密斯（Smith）講到李嘉圖〕；「孩子」記下「父親」的話並提出問題，隔天交給「父親」，再請「父親」講解（按：這一工作開始於1819年；當時J. S. Mill 13歲）。不久，整理成書，即以1821年出版的這本《政治經濟體綱要》。雖然著者自謙：「我的目的是編一本政治經濟體

的教科書」，但是本書的內容，卻頗多創見，而「道前人之所未道」，而成一本政治經濟體的不朽之作。現代最通行的政治經濟體四分法（即生產、分配、交換及消費四部分），即由本書開其先河。

特別謝謝莊其昌先生對於本譯書的許多指正。

至於譯例，已見拙譯亞當・史密斯《國富論》上冊、彌爾《政治經濟體原理》及馬爾薩斯（Malthus）《人口論》，茲不復贅；惟為便利讀者的參考，轉錄一節如下。

「本譯書有些文句，附有原文。這(1)或因那些文句，過分歐化（換句話說，就純中文的眼光看來，有點彆扭），附之，以便讀者的對照。試舉一簡短的例子。原文「……（河流）……always convey off a given quantity」，我譯「常是運走一定量」；再讀一遍，不僅生硬且似不通；因查日譯本，其中之一是譯「常是運走一定量的水」，這就十分明白了。不過，仔細想想，原文並無水字（加之固亦無妨），且 quantity 顯為名詞，加「水」就成形容詞；原譯生硬則有之，不通則未必；生硬是習慣的問題，我因維持原譯，而於其後附註原文。我的意思是我們既然閱讀西人的著作，就得多少培養一點對於西人寫作習慣的瞭解。一本理論書籍的翻譯，想要使它完全本土化而又不失原意，這是不可能的。(2)或是為了遷就中文，而對原著語意，微有出入。(3)或因有些文句，有點難懂；我深怕拙譯未能達意（甚或誤譯），附之，以利高明的指正。總而言之，這些都是本譯書的缺點所在（我已意識到的）。我認為：缺點的自我暴露，這是進步的必要條件；我們要有認錯的精神，我們得提倡這種精神。有位朋友說：不過，你這樣做，

容易給人「斷章取義、吹毛求疵」的機會；我說：「『斷章取義』，對我無害；『吹毛求疵』，於事有益」。

　　有件事，雖與本譯書無關，似應記下以留紀念。我翻譯過有關經濟理論的書，也翻譯過有關政治經濟體史的書，獨未翻譯過有關經濟史的書（這原因也許是經濟史的地名太多，我搞不清楚）；因此，有一時期，我很想彌補此一缺憾。但我讀過的「經濟史」，全是一些教科書，沒有「劃時代」的價值，談不上「名著」；同時，對於這一方面，我也不甚清楚有些什麼「名著」可以翻譯。我因函託松尾教授請教五島茂博士（他是日本這一方面的權威）。他介紹我兩部書，一是 J. H. Clapham 的 *An Economic History of Modern Britaln*，一是 E. Lipson 的 *The Econonic History of England*。據說兩者都是「巨著」。我看到「巨著」兩字就嚇住了（雖然我迄未知道究竟大到如何程度），自問已無此精力；後來他介紹我 H. Heaton 的 *Economic History of Europe*；我買來翻了一下，覺得此書只是一本高級教科書，因此未進行。

周憲文 於惜餘書室

序

　　讀者在開始閱讀本書之前，我沒有什麼非向讀者先行見告不可的。

　　我的目的，在編一本政治經濟體的教科書；從所有無關的主題中分離出科學的基本原理；說明各種命題，而且按其理論的順序記述；並各附以論證。我自相信：對於本書任何部分的理解，只須注意加以閱讀而已；而且，這種注意，不分男女，凡有普通的理解力者，都能為之。

　　開始這種學習的人們，必須慢慢前進；跟著每次告訴他們的概念，而自慣於新的概念結合。如果他們沒有充分理解「最初的」而即向下一命題前進，那麼，他們必然會遇到困難；但這只因他們沒有想到可以解除這種困難的真理。如果開始學習數學的人們，僅僅閱讀論證，而只以同意於這種論證為滿足，那麼，他們不久就會碰到其無法理解的學說（doctrines）。這不外乎因在他們的頭腦裡未嘗反覆而充分考慮，並牢牢記住先前各種定理，而此則為後來各種定理的根據。

　　在本書這類的論述中，我不引用任何權威是考量：我很希望讀者不考慮非本質的事物，而只留心學說及其證明。因我明說並無任何發現，所以不怕剽竊的非難；而且，對於科學的進步曾有貢獻的人們，絲毫毋須我的證言之類，以確立其聲名。

　　此版第三版，僅在以下各節，有些用語的變更。即在關於利潤一節，表示利潤對工資關係的各種方法，乃有更充分的解

說。在論「什麼是決定各種貨物互相交換的分量的」一節，我附加了一些對控制價值的分析說明。在說明「互相交換貨物成為有益於各國國民的情況」一節，我修正了過去各版的錯誤。而且，在論「對於土地每英畝的租稅」一節，我補充說明我以前未曾講到的觀點。

目　錄

緒論

主題——
其範圍與區分

　　政治經濟體之於國家，有如家政經濟體（domestic economy）之於家庭。家庭要消費（consumes），為了消費就必須有供給不可。

　　因此，家政經濟體乃有兩大目標：此即家庭的消費與家庭的供給（supply）。因為享樂的欲求是無限的，所以消費的數量常是無限的；故其主要關切的是增加供給。

　　毋須人類的勞動即可產生的東西，例如：空氣、陽光、水，其豐富的程度至少足以使地球許多地區的人們滿足，並非人們注意或節約的對象。因此，準確的說，這不成為家政經濟體研究主題的一部分。管理家政的人是在調節東西的供給予消費；而這些東西的獲得，則須有費用；換句話說，這些東西，若無人類的勞動是無法獲得的；人類的勞動，是對一切的東西，提供原始的購買貨幣。

　　這在政治經濟體，也是一樣的。它也有兩大目標；即社會的消費與消費所賴的供給。毋須人類的勞動而被供給的東西，因不需什麼代價即能獲得，所以沒有考慮的必要。如果消費所需的一切東西，它的存在毋須人類的勞動，則政治經濟體這門學科就無立足之地。**科學不在「伸手可使」之內**（按：凡可伸手使用的，這不是科學的研究對象）。但是，如果勞動是必需的；而且，如果欲求的標的物（objects of desire），不照預定的作業計畫是無法倍增的；那麼，為了找出極易又能極充裕生產（production）所需的方法，架設（frame）一套運行法則的體系（a system of rules），以讓這些發現最能適用於此目的，就成為一項重要的事情。

　　政治經濟體的著者常常將他們的論述侷限在該項標的，這

可不是做作。但是，對於這門學科，一切無關本質的考慮都予以分離，這似乎是重要的。因此，希望本書讀者注意的是：在以下章節，我只著重在究明規範物品的生產及消費的法則；而這些物品，是指其獲得必須有賴人類的勞動。

如此定義的政治經濟體學科，乃被分為兩大探索。即關於生產的探索與關於消費的探索。

但是，物品自生產之後到消費之前，顯然必須得分配（distribution）。因此，分配的各種法則，構成前述兩種探索之中間性探索。

在物品生產與分配的時候，這些物品的某種份額（share），其彼此交換（interchange），不論對於再生產與消費，都是非常相宜的。因此，探討有關物品互相交換的法則，是先於有關消費探索的第二探索；而消費則為政治經濟體的最後大課題。所以，這門學科，顯然包含了以下四種探索。

第一：規範物品生產的法則為何。

第二：由社會的勞動所生產的物品，其分配法則為何。

第三：物品彼此交換的法則為何。

第四：規範消費的法則為何。

第一章

生　產

由勞動（labour）所產的與由自然所出的兩者間的區別，不常被觀察到，因此，確定這些詞彙的意義是必要的。勞動，只有配合自然的法則，始能產生其所期望的成果。**除非和自然法則共同運作，勞動是不可能生產出可供消費的東西或物品。**

我們知道：人類的活動，可以歸諸非常單純的要素。人類除了產生動作外，其他無能為力。他可使各種物品彼此靠近，也能使這些物品彼此遠離；剩下的是由物體的屬性在做。他拿燒紅的鐵靠近一撮火藥，乃起爆炸；他拿種子播在地上，於是，植物開始生長；他將植物從地上拿開，於是，植物停止生長。他不知道何以，又如何發生這些結果。他只由經驗而確知：如果他做了這樣的動作，就會產生這樣的結果。所以嚴格的說，產生結果的，乃是物體本身。人類所能做的，只不過將自然界中的某某物體放在特定的位置而已。不論裁製大衣的裁縫或生產穀物的農民，只是做著同樣的事情。他們都是做了一連串的動作，而物體的屬性，便完成其餘的一切。如果追問：物體的屬性，對前述兩種成果，何者貢獻較多？這是可笑的。因為：若干物體，被放在特定的位置之後，則剩下的一切全是物體的屬性所貢獻的。

因為我們所要探討的，限定在以人類的勞動為工具的那種生產；又因人類的勞動，乃按兩種方式（即獲得用具的幫助及沒有用具的幫助）生產其成果，因此，本章自然分為兩節，即在第一節單純討論勞動，而儘量不考慮：使勞動功效得以增進的用具；在第二節，則討論資本（capital）或物料配備的源起及性質；這種物料的配備，既是勞動的對象，又是幫助勞動作業的手段。

第一節　勞動

在我們時下生活的社會狀態（state of society）中幾乎看不到毋須資本協力的勞動。爲更加明白瞭解勞動的單獨運作方式，則試回想事物的單純狀態——社會據說是在此狀態開始的——也許是有用的。

當野蠻人攀木採果的時候、在他誘捕野獸或以棍棒打倒野獸時，這套運作方式可視爲他全用自身的力量，並未藉助任何物品——這種物品的援助可以稱之爲資本。

在整個分析中，有一部分，明顯與資本並不相同的勞動；對此，爲了獲得政治經濟體的結論，有件須加以論述的主要事項，就是勞動者的生活必需品（necessity of subsistence）。在勞動的概念中，實包含這種生活必需品的概念。當我們說：如此這般的成果是由純粹的勞動所生產時，我們總是同時想到勞動者的消費與運作方式。沒有勞動者的消費，是不能有勞動的。如果攀木採果的人，他發現兩株同類的樹木，而能在一天內攀登兩樹，那麼，他就可以預先準備他的半天生活必需品，繼續其工作。如靠捕獲動物而生活的人，若當天無法弄到他的獲物，那麼，他至少得預先準備一整天的生活必需品。如果打算作費時一週或一月的狩獵之旅，那就恐怕要有幾天的生活必需品。當人們得靠「他們在土地上勞動、而且產出只能一年一穫」而活時，顯然他們就得預先準備一整年的生活必需品。

在各種不同的情況下，勞動者這種預先準備生活必需品的多與少，等比於獲得具勞動果實所需時間的長短。但，在此一切不同情形之下，當我們說到他的勞動本身——將他的勞動作

爲一種單獨的、分離的生產工具看待時，其中總是同樣包含著維持生計的概念。

　　勞動及工資（wage）這兩個詞，時常被輕率使用，以致發生概念的混淆與若干根本的錯誤；因此，上述一事，實有強調的必要。稍後，我們將發現如此重要的情境是極易被忽視的。在我們說某人一天、一月或一年的勞動之時，則其維生的概念，必已明白的包括在內；猶如其筋肉活動的概念，或其生命的概念，也已一定同樣包含在內一樣。他的勞動，與他的筋肉活動，不是完全不同的兩件事；就當前的目的而言，兩者是完全相同的事。如將工資與勞動者的消費視作同義詞，那就整體來說，不能把勞動與其工資作爲不同的項目看待。要是這樣看待，其實往往如此，發生錯誤是必然的結果。

　　這樣，我們既已明白：何種概念必被包含在獨立而最單純形式的勞動概念之內，所以，在此標題之下，對於勞動只要考量其對生產力（productive power）的提升，即已足夠。

　　最重要的提升是發生在工具的使用；而這種工具，以後則形成資本的一部分；但，由於分工（其中包含勞動分派），生產力也有很大的提升。在進入該主題前，雖常被解釋也廣被理解，在此，還是有必要對其稍作引介。

　　這類型的提升植根於作業的熟練度，我們進行作業，最初雖慢，愈反覆則愈敏捷。這是人性法則；而且，這是大家都耳熟能詳幾乎毋庸說明。在所有的作業中，最單純的操作，例如按節拍打鼓，是一適當的例子。未曾練習過的人，試一行之，其速度之慢，常使他自己吃驚；但是，熟練的鼓手，他的敏捷，則更令人驚嘆。

　　愈是敏捷愈是靠頻繁的重覆。因此，這與大量不同的作業程序是不能同時擁有的。想儘快進行一項或少許作業程序的人，他就必須限於只做這幾項作業程序不可。因此，在生產（人類所需的物品）的作業程序中，如果誰只做很少量的作業程序，則會比從事更多量的，來得更加迅速；而且，不僅更加迅速，往往還帶來更加規範、精準的質量。

　　生產對人類有用且稱心的物品是要靠特定巨量作業程序彙總來完成，至少當社會處於更趨多元化時是如此。將這套彙總，分為若干部分（各部分，盡可能由少量的作業程序形成），使各作業程序更能迅速而且順利的進行，才是最重要的。要是各人因為如此頻繁重覆，使過去只能做一次的這些作業程序，現在可做兩次，而且各人都能做得更好，那麼，在這個前提下，所能生產物品（這些物品對於他們是有用而且稱心的）的社會力量，將超過兩倍。不僅這些物品的數量加倍，並且在品質上，也可得到很大的提升。

　　這問題，在《國富論》* 第一篇第一章，亞當‧史密斯已有充分說明。在那裡，乃有許多非常顯著的例子，表示分工的驚人效果（這是在更複雜的情況之下，增加勞動的生產力）。據他所說：一位專注於製釘的男童工，每天可製 2,300 枚以上；但普通的鐵匠，儘管他的作業與製釘工人的作業非常相似，每天製釘也無法超過 300 枚，而且這些製品都是非常粗劣的。

　　即使是在勞動的最單純狀態，這也是不容懷疑的；如果一人為獲得果實而只做攀樹的作業，而另一人只做捕殺動物的作業，那麼，前者在攀樹上，後者在捕獲動物上，所獲得的技巧比他們偶爾做兩種作業時所能獲得的會來得靈敏；而且，藉由

這項方法，他們當可獲得更多的果實與獵物。

這項好處是顯而易見的；因此，即使是在工藝的最初階段，分工的許多顯著情形，也可予以例證。紡紗的手與織布的手，恐怕在任何地方就記憶所及對工藝初期狀態的描述，都是不同的。鞣皮的人與製鞋的人、鐵匠與木工，即使是在早期，也是全不相同的；他們已有適當的分工。

要是想有利於生產一個刻意追求富裕社會所需的費工生活用品，就得使巨量的作業程序彙總，能在最適於分解成小作業群的情況下（這種小作業群，可給予勞動的生產力最大的援助）進行分割，當是對於問題之完全學理的分析；其次，則是對於問題進行對等的完全學理綜合考量。

爲欲知道：對於原物料的巨大彙總（這種原物料在形式上無助於所要達到的目的），應當如何處理，則觀察彙總此原物料的組成要素，識別出這些要素，並對這些要素加以細心而完整的檢查，實屬必要。這是分析的作業。

爲了我們的目的而可結合爲手段的要素，我們如對此有充分的知識，而且，對該目的，我們如也有同樣完全的知識，那麼，剩下來的是著手構成這種結合，使最有利於達到此目的。這就是綜合考量的作業。

眾所周知；這些作業 —— 用以獲得最好的勞動分工與分配的 —— 過去未嘗有過。同樣確定的，這種分工還在極不完善的狀態。儘管人們會說，過去在某種程度上曾有這樣的作業，但它的實踐是極偶然的；因爲：從事各個行業的個人，由於其意外的發現，乃使這些個人，可在這些行業獲得特殊的利益。這種改良的基礎，通常是建立在極狹小的觀察上；即：雖然確

是建立在分析與綜合之上，但此分析與綜合，是由少數而又不
完全理解的要素所形成的。建立於狹隘觀察的改良，通常在其
應用上，也同樣受到限制。這無法普及。一機械或一製造業所
採用的改良，能為與此同樣重要的其他機械或製造業所採用需
時頗久。而且，一種改良，對於與其類似的另一改良，有所啟
發，這乃更遲。這是因為狹隘的觀察，在其觀察內的事物與其
觀察外的事物之間找不到任何連帶關係。（*《國富論》（*The
Wealth of Nations*），首份中文嚴復譯本書名《原富》。）

第二節　資本

我們已經觀察到，勞動在進行其作業的時候，或則只靠人
力，或則使用工具；這種工具，不僅使勞動成果的數量增加，
且也常提升成品的正確度與精準度。

為了這種目的而設計的工具，其最初期而且最簡易的，我
們可舉獵人的弓矢與投石器（sling）為例。鏟子是為了翻土
容易而發明出來的工具。而且，可以利用畜力的某種簡單器材
（為犁的雛形），也在改良的初期階段被想到。

由這些開始，人類逐漸想出斧、槌、鋸、車輪、車等工
具；終於在社會的極度人為操作（artifical）的狀態下，複雜
的機械大量湧現；這些機械乃使勞動更具生產性。由這些工具
構成的配備（provision），被稱為資本。

但是，這並非被稱為資本的全部。勞動，在其最初期的階
段，只是徒手被投放在自然界所提供的原物料上。在野蠻人攀
樹採果時，在獵人折下樹枝製造棍棒或弓時，他是在靠與生俱
來的手在給他所預備的原物料上施工而已。在產業進步的次一

階段，勞動所施工的原物料，一般是以前勞動的成果。因此，可以製造布料與棉布的亞麻與棉花，乃是農業勞動的成果；鐵是礦工與煉鐵匠勞動的成果，以此類推。凡可投以勞動的材料，如屬以前勞動的成果，也被稱為資本。

在我們以勞動為一生產工具，而以資本為另一生產工具時，則此兩構成要素、即幫助勞動所用的工具與勞動施工的材料，都可被包含在資本的概念中。固然工資一般是被包含在資本一詞中。但是，在此意義上，勞動也被包含在內；這已不能說是與資本不同的生產工具。我們已經說過：如果勞動作為分離且區別的生產工具，則勞動者生活所需，工資只是另一名稱而已，或勞動者的消費這概念，總是被包含在勞動的概念之內。這項議題在此提出僅是要確保概念清晰，稍後，我們會討論在這點上概念混淆所帶來的謬誤。

我們既已用心對於資本及勞動（這是政治經濟體研究上的最重要事項）的術語，給予正確的概念，且已區別兩者在生產活動上的不同角色，所以，今後只須講到資本的起源，其必然產生的背景及其積累的法則，即已足夠。

資本的終極來源乃是勞動，這是顯而易見。生產最先除了用手別無其他，在用手作成工具之前，是不存在工具的。而且，最初的工具，不是靠任何已有的工具做出來的。

因此，資本的最初部分，乃是純粹勞動的成果（並無資本的協力）。

但是，自從最初的用具（它可增加勞動的生產力）作成之後，就像獵人的弓，為了幫助它的形成，乃有另一用具很快的被作成；例如：小刀的作成是為了幫助弓的形成；而且，到了

這個時候，資本始爲勞動的成果，然後成爲勞動與資本結合的成果。

因爲這一議題是非常明白的，所以，對於資本與勞動結合的方式（在構成資本的物品的生產之時），沒有從最單純的情形追溯到最複雜的情形，加以說明的必要。如後所述，在生產活動更趨人爲操作和提升的狀態下，一國全體的勞動及資本，其極大的部分，是被不斷的用以生產「形成資本的物品」。

資本，從其最單純的狀態至其最複雜的狀態，它所指的是：爲對往後的生產、供作生產手段而製造的某種物品，這顯然是所謂儲蓄（saving）的結果。儲蓄這個詞的意思已爲人們所熟知，並且沒有任何濫用的餘地，因此毋須對此和資本的特別連繫多所著墨，雖然它的重要性法則值得留意。

沒有儲蓄，無法有資本是明擺著的。如果所有的勞動，都被用於直接消費的目的（被直接消費），例如野蠻人攀樹而求的果實，那麼，資本之爲物，即，可用爲往後生產手段的物品，便不存在。爲了這種目的，必須生產某些物品，並不直接消費而加以儲蓄，以備其他目的之用。

在這種事實的結果之內，凡是此處需要講到的，都是十分明白的。

如此，被儲蓄的所有物品，成爲一種資本的物品。因此，資本的增值，在任何地方，都與儲蓄的程度成正比。事實上，每年的這種增值額，等於每年的儲蓄額。

結合於物品生產的勞動與資本，兩者可能都是屬於一方的；或可能其中之一是屬於一方、另一屬於他方。例如：殺鹿的野蠻人，如果用他自己的弓矢，則他是勞動與資本（兩者）

的所有者。但是，如果他是用別人的弓矢，則一方是勞動的所有者，他方是資本的所有者。自己的小農場，用其自己的勞動與其家族的勞動（並不借助於雇用的僕役）耕作的人，乃是資本與勞動（兩者）的所有者。純粹雇用僕役耕作的人，乃是資本的所有者。此處的僕役，就當前的目的，至少可以暫時視作勞動的所有者；固然，我們不久就可看到：這種意義將作何種修正。

「勞動的所有者」（owners of labour）一詞，在此意義上，悉指有關生產的當事者，可分為以下兩個階級；即資本家階級：提供生產材料及工具的富人，與提供勞動的勞動者階級。

這些用詞，都是十分熟悉的；不過，關於這項重要議題，為了儘量預防概念的混淆，還得有若干觀察。

工廠所有者的大資本家，如果他像西印度的農園主一樣，是用奴隸（不是自由的勞動者）工作，則可被視為資本與勞動（兩者）的所有者。簡而言之，因為他是生產兩項工具的所有者，所以，生產物並不分給別人，而全部都是他的。

此時，如果他是雇用工資勞動者工作的，將有怎樣的不同呢？此時，工資勞動者，乃按一日、一週、一月或一年出賣他的勞動。支付這些工資的製造業業主，乃按一日、一年或任何期間，購買勞動。因此，他與用奴隸工作的製造業業主一樣，是勞動的所有者，所不同的只是其購買的方式。奴隸的所有者，是一次性購買某人所能做的全部勞動；至於支付工資的人，只是購買某人在一日（或某種其他的契約期間）內所能做的勞動。不過，因為他與奴隸所有者之為奴隸勞動的所有者一樣，也是他所購勞動的所有者，所以，資本連同勞動的成果（即產出），也都歸他所有。在我們現存生活的社會狀態，幾

乎所有的生產，都是在這種情形之下進行的；即：資本家是生產兩項工具的所有者，而全部的產出，乃是他的。

由於資本的用法不同，乃有兩種資本的區別。因為這種區別，附帶具有若干重要的後果，所以，對此須有正確的概念。

在構成資本的物品中，有些是具耐久的性質的，可以不受毀損而貢獻於生產。農業及製造業所用的工具及機械，大部分就是屬於這一種。有助於各種生產的建築物，也是這種物品；凡在使用的時候不會消失的一切其他設備，皆是，這毋須列舉。屬於這種資本部分，一向被稱為固定資本（fixed capital）。

在有助於生產的物品之內，另有一種物品，是在使用的時候，會有部分的消耗。例如在一套作業程序上使用而磨損殆盡的一切工具以及煤、油，染物業者的染料、農人的種子等，凡藉由其耗損而對生產有所貢獻的一切物品，皆是。經過完成工序而成為製品的原物料，也是這一類。毛織物業者的羊毛乃被消費於其毛布的製造之內，棉布製造業者的棉花乃被消費於其棉布的製造之內。在同樣項目中，還得包含修繕、保養較耐久物品（固定資本）的費用。所有這類資本的特性，乃是：在其貢獻於生產之時，必被消耗；而且，為使生產者得以繼續其作業，乃非再生產不可。這雖被稱為「流通」資本（"circulating" capital），①但卻是極不適當的用語。在其消耗與再生產上，毫無酷似「流通」（circulation）之處。這名

---

① circulating capital，通譯流動資本，以與固定資本（fixed capital）對照，但在此處，因為下文跟著 circulation（流通）一詞，故譯「流通資本」。——譯者

為「再生產」資本（"reproduced" capital），當更為妥善。不過，因為 reproduced 一語，是過去分詞，不是未來分詞，所以，也不是無可挑剔的。總之，這因在生產的貢獻上不斷的被消耗，所以這是一種需要一直再生產的資本。

還有一物品，是因不斷的被消費、故須不斷的再生產，那就是勞動者的生活所需，即勞動者的消費或工資；這，不論是勞動者自己所供給的，或以工資的形態（即資本家對其勞動事先支付的形態）取自資本家的，都是一樣的。在後一形態，這是由資本家所支付的（是由如不支付為工資，則自然構成嚴格意義的資本這種基金所支付的），因可帶來同樣的利益，故同樣名為資本；而正因此，有時會發生概念的混淆。

如將以上所有項目，通通考慮進去，我們顯然可以看出：任何國家的消費與生產，其極大的部分，是為了再生產，這是非常重要的事實。關於由此事實所衍生的後果，後面將有更詳盡的討論。

如果勞動工具、勞動施工的原物料以及勞動者的生活所需，都被包含在資本的名稱之下，則結局必然是：所有國家的生產型產業（productive industry）是與該國的資本成比例；即隨該國資本的增加而增加，且隨其減少而減少。如果勞動工具、可加工的原物料及勞動者的報酬，通通增加，一旦獲得更多的勞動者，則工作的分量也當增加。如果不能獲得更多的勞動者，則將發生以下兩件事；第一：工資上升，這刺激人口增加，而使勞動者的人數增加；第二：人手短暫缺員激發資本家的創意（ingenuity），透過機械的新發明及對勞動作更有利的分配與分工，以彌補其不足。

第二章

分　配

我們知道，兩階級的人們——即勞動者與資本家，是與生產有關的；這兩階級各須取得生產物品的各自應得份額；換句話說，各須取得由這些物品所產生的利益份額。如果土地是生產工具之一，則另一當事者參與這份額；此即土地的所有者。而且，此三階級，即勞動者、資本家及地主，直接瓜分一國的全部年產出。

全部年產出，一經決定分配給哪些各當事者，接著，就得研究這種分配的比例是依怎樣的法則來確定的。我們先從地主所得的份額〔即地租（rent）〕開始說明，因為這是最簡單的，且易於說明勞動者及資本家的份額所依據的法則。

第一節　地租

土地的肥沃程度各不相同。例如：有些土地，為高山上的高層土或石塊，或為鬆散的砂地，或為某種沼地，可說任何莊稼都不生產。在這種土地與最有生產力的土地之間，存在著肥沃程度不等的土地。

又，即便是最肥沃的土地，也不見得同樣生產其能生產的全部。例如：某面積的土地，每年既可生產 10 夸特 ①的小麥，也可生產 20 夸特或 30 夸特的小麥。但是，這不外乎：最初的 10 夸特，是以一定量的勞動生產，而第二個 10 夸特則用較多的勞動生產，第三個 10 夸特則用更多的勞動生產。即各增加 10 夸特，其生產所需的費用，都大於其前 10 夸特。大家

---

① 相當於八蒲式耳（bushels），為四分之一噸。

知道：這是一項法則，即投入的資本愈大，可從同樣面積的土地，獲得愈多的產出。

全部最好的土地都被耕作，並接受一定量資本的使用，至投於土地的所有資本，它的使用帶來同樣的回報，但是，到了一點，同一土地即使追加資本，其回報一定減少。因此，任何國家，在某一定量的小麥已經生產之後，如欲生產更多的小麥，則成本必然增加。如果這種增量可以生產，則投於土地的資本，可分為兩部分：即一部分是帶來較多的回報，另一部分是帶來較少的回報。

帶來較少回報的資本，它被用於土地，得採兩個方式中的一個。此即：或被用於首次耕作之二級肥沃度的新土地；或被用於一級肥沃度的土地（在此土地上，已經投下一切不使回報減少的資本）。

資本或被用於二級肥沃度的土地，或被用於一級肥沃度的土地（即第二次的投資），在各種情況之下，乃取決於兩土壤的性質與品質。如果將第二次的投資用於最優土地時只能生產8 夸特的同一資本，而被用於二級肥沃度的土地生產 9 夸特，那麼，這資本將被用於後一土地；反之亦然。

各種肥沃度的土地，即第一或最上等的土地、第二或次等的土地等等，為了方便說明起見，可以名為第一等地、第二等地、第三等地等。同樣的，逐次投於同一土地而其成效逐漸減少的各種資本，可以名為第一次投資、第二次投資、第三次投資等。

只要土地並不生產任何物品，這就沒有私有的價值。如果只是部分最優的土地需要耕作，則毋須耕作的一切土地就不會

生產任何物品（即沒有任何價值）。因此，這些土地當然不會被私有，凡想讓其具生產力的人，都可以擁有它。

正確的說，在此期間，土地不會產生任何地租。當然，在耕地與未經整理的荒地之間乃有不同。一個人，與其開墾新的土地，不如將開墾的等價費用，按年或以其他方式支付整理的費用；而且，顯然也不會付比這更多的費用。因此，這不是對於地力的支付，只是對於資本的（已被投在土地上的）支付。這不是地租，乃是利息。

但是，隨著人口及其對於食物需要的增加，或依賴第二等地，或明知降低生產量而仍在第一等地投下第二次的資本，是遲早的事。

如果某人耕作第二等地，因其所投一定量的資本只能生產 8 夸特的小麥，而投在第一等地的同量資本則生產 10 夸特，那麼，就他來說，或支付 2 夸特以取得第一等地的耕作許可，或無任何支付而耕作第二等地，兩者沒差。因此，他願意對第一等地的耕作支付 2 夸特；這種支付，構成地租。

又假定：與其耕作第二等地而不如以資本第二次投於第一等地為更有利，而且第一次的投資雖然生產 10 夸特，而等量的第二次投資則僅生產 8 夸特。在這種假定之下，與上述情形一樣，即再投資也無法取得與假定量 10 夸特同樣的成果，就會有人願意投資於僅僅 8 夸特的收穫。但是，如果有人願意投資於僅僅 8 夸特收穫的土地，則土地的所有者，願妥協獲得所有超出 8 夸特的產出。如此一來，對於地租的影響，兩種情況是一樣的。

結果，地租乃隨資本（繼續投於土地的）生產力的減少

反而增加。如果人口更進至另一階段（即所有第二等地都被耕作，而必須依賴只能產生 6 夸特而非 8 夸特的第三等地），則依同樣的推理過程，顯然：第二等地，現在產生地租（即 2 夸特），而第一等地產生增漲的地租（即超過 2 夸特）。若不靠肥沃度較劣的土地，而在第一等地投下第二次及第三次資本，其生產額與上述情況同樣的減少——所以，沒差。

這樣，對於地租，我們當可獲得通論。或在肥沃度不同的土地投下資本，或在同一土地而繼續投下資本，這樣使用的資本，其某部分，或帶來較多的生產額，或帶來較少的生產額。即使帶來最少生產額的，仍足使資本家收回資本及報酬。資本家從其所用資本的任何部分所得到的收入，都不能超過這項報酬。這是因為：別人的競爭，使其不能如此。一切超過這項報酬的產出，必將為地主所專有。因此，所謂地租，是投在土地的資本，其較具生產力部分與最不具生產力部分兩者回報間的差額。

以前述三種回報情況為例：10 夸特、8 夸特及 6 夸特，我們發現：地租對於只出產 8 夸特的資本，乃是 6 夸特與 8 夸特的差額；對於出產 10 夸特的資本部分，則為 6 夸特與 10 夸特的差額。又如：在同一土地，投下三次資本，一則出產 10 夸特，一則出產 8 夸特，另一則出產 6 夸特，則其地租，對於第一次的投資為 4 夸特，對於第二次的投資為 2 夸特，總合為 6 夸特。

以上結論，如得到足夠的支持，則地租學原理就很簡單；而且，像我們在後面可以看到的，其結果是極重要的。對於以上的結論，可能只有一個反對論點。此即：也許可說：當土地

被私有之後，任何所有者都不願無償的准許別人使用其土地，所以，不付地租的土地是不存在的。這種反對論點，曾經實際發生；有人曾主張：即使是蘇格蘭山區最貧瘠的土地，也得支付若干地租的。

此反對論點如被接受，對上述結論是有或大或小的影響。但是，反對論點所主張的事情，即使是被採納，這項結論，仍實質（而且對一切實際的目的而言）為真，此反對論點，實由於反對者的頭腦，具有兩缺點。即：或由於思想混淆，或由於故意迴避；前者是：他並不理解他所主張的事情，對於他所否定的學理，其影響程度是多麼的小；後者是：他對這種學理，雖找不到絲毫可以反對的理由，但是故意不予承認。

這種反對論點所主張的事情，即使加以容許，但是，情況一經暴露，就不得不承認：上述結論對於一切實際的目的，都正是如此的；要不說那麼極端，蘇格蘭不毛之地所付的地租不足掛齒，這也不過是漸趨減少的數額。假使這是每千英畝為 1 鎊，即每英畝約 1 便士（penny），那麼，這對 1 英畝不下數鎊的耕作費用，其所占的比例是非常小的，因此，這對我們努力求得的結論（的真實性），幾乎是沒有影響的。

為了論證，假定最劣等的耕地，每英畝支出 1 便士。即在此時，地租也如上述，是由資本不同部分所生產出額間的差額。只是，因為每 1 英畝 1 便士是對最劣等的耕地所付的地租，所以必須予以修正。如果其他各點都是正確的，則此 1 便士，即使置於問題之外，對於我們的結論，也不會造成多大的錯誤。為使我們對此議題的說明簡單起見，雖是極小的方便，這種省略也是合理的。

　　但是，即使由形而上學的嚴謹性來說我們的結論需要一些這種修正，那也是不對的。有些土地，例如阿拉伯的沙漠，並不生產任何東西。由這種土地至最肥沃的土地，其間乃有各種肥沃度的。也有土地，雖非完全不能生產有益於人類的東西，但不能生產東西到足夠維持其耕作所需的勞動者的生計，這種土地，一定無法耕作。也有土地，其年產出，恰夠維持其耕作所需的勞動；這種土地，雖然可以耕作，但顯然無法支付地租。因此，上述反對論點，不僅實際上無足輕重，即在形而上學上也是立不住腳。

　　可以斷言，在任何具有相當面積的國家，都有不能產生地租的土地（即此土地對於人類的勞動，不能帶來超過爲維持該勞動所必需的收穫），至少在英國是如此，這是完全沒有爭論餘地的。在本國的山地，有些區域不能繁育比石南（heath）更弱的植物；此外有些區域，除了苔蘚（moss）之類，無法繁育其他的植物。那些聲稱所有蘇格蘭的山地都有支付地租的主張，誤解了實際的情形。事實只是：蘇格蘭高地任何爲人所擁地產的部分，其借地人沒有不付地租的。它的理由是因：即使是蘇格蘭的山地，如在溪谷，也是有相當的產出的。這些溪谷，即使加上幾百英畝的山地，也不能說山地的所有部分因而產生地租。有許多部分是不產生地租，也有許多部分是不易產生地租；這是確實的。

　　即使並非全屬貧瘠之地，而且尙可飼育若干比較強壯家畜的地方，也不一定可以產生地租的。必須記住：這些家畜乃是資本，而且，土地不僅只是對這種資本足以給予報酬，此時，還須生產足夠的物品——足以支付（特別是在冬季）許多對於

家畜所必需的照料。土地，如果沒有這些一切物品（而且，比這還要多些）的生產，是不能產生地租的。

在本島的大部分地區，只要是有相當面積的農場，其中，幾乎沒有農場不是包含各種各樣的土地，有些比較肥沃，有些較不肥沃——自高等或普通肥沃度以至不足以產生地租的土地。當然，我不要求單憑我的話，就承認這種主張。我作此主張，是根據最熟悉情況者的經驗。如果實際情形是與此主張相符，其最後被耕作的土地，顯然是不產生任何地租的。像我們現在所說的這類農場，借地人要對地主約定支付一定數額。當然，這筆數額不只是對其耕作所投資本的適當報酬，而還有其他更多的土地產出。因為借地人耕作的動機，全在對其資本的適當報酬，所以，即使在他的農場之內，含有若干貧瘠的土地（這種貧瘠的土地，恰可產生所投資本的利潤），雖不足付任何地租，但仍可給予從事耕作的充分動機，很難否認土地是極慢的由肥沃度高降為肥沃度低的，所以在一切相當規模的農場，一般都可發現部分這類肥沃度的土地，但是這類肥沃度的土地提供一個予以耕作的恰當動機。

但是，上述結論是建立在極明白的證據上，對於所有的土地是否支付地租的問題，並無關係；對於支付最高地租的土地，繼續投下資本，不能帶來同等的成果；這是我們已經知道的。即：第一次的投資，帶來比資本的報酬較大的（恐怕遠大的）收穫。第二次的投資，也可帶來較大的收穫等等。此時，地租，如予正確計算，則將等於因這些次數的投資所致，超過資本利潤的總額。當然，耕作者每次的投資，都有同意支付地租的。但是，在這些投資之後，又再投資；這種投資，雖不產

生任何地租，但可充分產生資本的正常利潤。農場主的耕作，正是爲了資本的利潤，如此而已。因此，當投在農場的資本，可產生資本的正常利潤時，只要有資本，他就會投下。所以，我得出確切的結論：在自然的情形之下，所有農業國家，有些投於土地的部分資本，是不支付任何地租的；因此，地租包括由資本其他部分所產生的所有成果 —— 超過並越過該資本本身的報酬。

第二節　工資

生產是由勞動執行。但是勞動所加工（fashions）的原物料及協助勞動的機械類，乃由資本取得；說更正確些，這些物品乃是資本。

勞動者，有時是其勞動所需一切資本的所有者。鞋匠或裁縫師，有時不僅是擁有他工作所用的工具，而且也擁有爲其勞動所投的皮與布。在此情形之下，物品完全爲勞動者（他是製造這種物品的）的財產。

但是，在大多數的情形、特別是在社會比較進步的階段，勞動者與資本的所有者，是不同的人。勞動者既無原物料，也無工具。這必要品，他是受資本家的供給。提供這種供給，資本家當然希望報酬。由鞋匠所生產的物品，如果資本是他所有的，則完全歸屬於其本身；而且，構成了他爲勞動者及資本家兩種身分的全部報酬；即在此時，物品是同屬於勞動者與資本家兩者。物品或其價值一經產生，就非分配於他們之間不可。對於兩者，這種報酬，必須取自物品；而且，兩者的報

酬，構成了物品的整體。

但是，對勞動者而言，毋須等待物品的生產，又毋須忍受其出售（這是其價值的實現）前一切的遲延與不確定性，事先而取得其份額（share），是更合適的。他們以此形式取得其份額，並對各當事者都是最合適的形式，乃是工資的形式。當歸屬於勞動者的物品份額都以工資的形式取得時，因爲事實上是資本家購買勞動者的份額，而且事先支付，所以，物品本身就歸屬於資本家。

一、工資率取決於人口與就業（employment）（換句話說資本）間的比例

是什麼決定勞動者的份額？即：在勞動者與資本家之間，是什麼決定物品（或其價值）的分配比例？我們現在來討論這樣的問題。勞動者的份額，不論它是什麼，這就是工資率；反之亦然，不論工資率如何，這就是勞動者所得物品（或物品的價值）的份額。

兩當事者的份額，是他們之間的契約主題，這是顯而易見的；而且，如果有了契約，則不難知道契約所依據的條件。一切的契約，要是自由訂定的，則由競爭決定；它的條件，是隨供給予需求的情形而變化。

首先，我們假定：有某一定數目的資本家（他有某一定量的糧食、原物料及工具或機械類），又有某一定數目的勞動者，而且，所生產的物品，原已決定按某特定的比例，分配於他們之間。

其次假定：資本量無任何增加，而勞動者人數增加成 1.5

倍。即：雇用勞動者的必要品，換句話說，糧食、工具及原物料仍與以前同量，而以前的每 100 名勞動者，現在則爲 150 名。因此，此時，50 人面臨失業的危機。他們避免這種失業的方法只有一個。他們必須努力排擠先被雇用的人們。即：他們必須願意以更少的報酬而工作，因此，工資下跌。

　　另一方面，如果我們假定：資本量增加，而勞動者人數是與以前一樣，則其結果正相反。資本家擁有比以前更多的就業崗位。簡而言之，因爲他們擁有比以前更多的資本，所以希望由此衍生利益。爲了衍生這種利益，他們非有更多的勞動者不可。他們要獲得勞動者，唯一的方法，也是提供較高的工資。但是，因爲現已雇用勞動者的主人們，處此困境，所以，當然要提供較高的工資挽留勞動者。這種競爭是無法避免的，而其必然的結果，乃是工資上升。

　　這樣，如果人口增加而資本不變，則工資下跌；如果資本增加而人口不變，則工資上升。又如兩者俱增而一方快於另一方，則其結果，猶如一方全不增加，而另一方則有等於其差額的增加，這是顯然的。例如假定：人口增加八分之一，資本也增加八分之一，其對勞動的影響，猶如人口及資本均未增加。但是，若人口除了上述八分之一以外，更增八分之一，此時，其對工資的影響，猶如資本全不增加而人口已增八分之一。

　　所以，我們可以確定 —— 通常，如其他的事情保持不變，即資本與人口的相互比例不變，則工資亦不變；資本對人口的比例增加，則工資上升；如人口對資本的比例增加，則工資下跌。

　　這一法則，如被明白理解，則不論在任何國家，由此都可

容易推知決定其大多數國民境況的因素；如其境況是安逸舒適時，則此境況的維持，或使資本與人口以同樣的速度增加，或相反的，只要使人口增加的速度不快於資本的增加速度，即已足夠。又如其境況是不安適時，則使其安逸舒適，只有靠下述兩方法之一。即：或提高資本增加的速度，或延緩人口增加的速度；簡而言之，是擴大國民就業占國民人數的比例。

如果資本比人口增加得快，呈自然傾向，則對國民榮景的維持，當無任何困難。反之，如果人口比資本增加得快，呈自然傾向，則國民榮景的維持，就極困難。這之間，存有工資下跌的長久傾向；而工資的漸跌，使在國民之間，出現日益擴大的貧困；隨之，苦惱與敗德必不可免。當貧困及苦惱（貧困的結果）增加，死亡率也增加。因為生計手段的缺乏，故在出生的多數子女中，只有某一定數量能被養育。不論人口成長比例如何，凡有比資本更快增加傾向的，這一比例的出生者，結果是死亡；屆時，資本與人口的增加比例又復相等；於是，工資將不再下跌。

實際是：人口增加大抵有快過資本增加的傾向；這從地球上大部分的人口情形，可以無疑的得到印證。幾乎在任何國家，大部分國民的境況，是貧而且慘。如果資本的增加快過人口，是不可能發生這種情況的。在那種狀況，工資定已上升；勞動者會處在富裕的環境，遠離匱乏的苦惱。

這種人類的普遍性苦惱，只能由以下兩種推測之一予以說明。即：或人口有比資本過快增加的自然傾向，或資本受到某些方式的阻礙，使其不能在有增加傾向時增加。因此，這是最重要的研究課題。

二、人口急速增加傾向的證明

人口增加的自然傾向，可由以下兩組情況來推測。即：人類女性之生理構造與有關各國增加率的記載。

關於人類女性之生理構造，這一事實是十分確實的，對結論有無可懷疑的根據。至於有關各國增加率的記載，或對相關事實的推定（我們對於眞正的事實和推定的吻合度，也不敢保證），或某種事實的記載（這種記載，對於爭論之點，未能給予任何證明）。

人口增加的可能率（possible rate），依存於女性的構造，這大概是無可爭辯的。關於人類女性已有充分掌握的事實，加上生理學及比較解剖學使我們由解剖其他動物（其解剖的構造與生理有似於人類）所得的類比知識，對此議題的結論，給予極可靠的方法。

有些雌性動物其懷孕的期間與方式，和人類的女性相似；而且一次只生產一胎，如在最好的情況之下，從其生殖力開始至終了時止，是可以每年生產一次的。撇開是否每年都生，但整體看來，即使從高估計，其比例亦極有限。

人類的女性，如果孩子的授乳持續三個月以上，則受胎期有延遲至一年以上的傾向。必須注意：這是容許對人類的女性與其他前述的雌性動物，推論其出生次數不同之唯一生理學的特殊性。

爲了要有正確的結論，我們應當斟酌這種特殊性。試擴大範圍到包含所有的干擾因素，則我們可說：人類的女性，兩年生產一次，是屬自然。這種觀察，我們現在不妨以歐洲爲限；在歐洲，婦女的分娩期間，是從十六、七歲到四十五歲。即使

再加斟酌增減，也不過是從二十歲到四十歲。在此期間，如果兩年生產一次，則可生產十次；所以，十次的生產，大體可以說是不超過人類女性自然生產的次數。

如在優良的環境之下，則孩子們的死亡率是很小的。赤貧者的孩子們，其死亡是因缺乏維持健康的必要手段，所以是不可避免的。知道保持健康所必守的規則、而且予以實行，在這樣安逸境況下，孩子們的死亡率本就很低；如果管理孩子們的衣食、空氣、運動及教育更加得宜，則其死亡率還會大為減少；這是無疑的。

因此；我們可以作此結論；如在最好的境況之下，則十次的出生是人類女性的孕育力標準，而且，生下的孩子，只有小部分未至成年而死亡。對於偶然的不孕及這種小程度的死亡率，即使加以遠多於必要的扣減，而扣除二分之一，如果人類的每對夫婦成年早期就結合，他們享有充分的供應（物質上福利所必需的物品）、能免苛刻的勞動，並能以最好的方法充分運用他們的環境，使他們及其孩子們能預防疾病與死亡，則平均當可養育五個孩子。若情況如是精準，就沒必要為了顯示人口得經過若干年方增加一倍，而精準的計算就立刻明白：在短短的幾年裡就可增加一倍。

為了符合已被如此適切確立的結論，有些人士雖會借助各種國家有關人口、出生及死亡的若干統計表，但由這些統計表推論，不能觸及問題的核心。我們即使相信這些統計表的正確性（雖然這些統計表絕對不值得如此相信），我也不知道：除了有關人口增加情形的簡單事實以外，還能顯示什麼。這些統計表，或表示，或佯示：人口增加或人口並不增加；如屬增

加，則其增加率爲何。但是，若由這種統計表看來，世界各
國的人口是在停滯；凡有推理能力的人，誰都不會據此推論：
人類無法增加人口。誰都知道這一事實：在大多數的國家，人
口是在停滯或幾乎停滯。但是，這種統計只要不能告訴我們是
何種原因妨礙人口的增加，那麼，什麼也證明不了。人口的自
然增加傾向，不論如何巨大，我們很清楚有兩個原因妨礙人口
的增加。其一是貧困；在貧困之下，即使出生的人數是很多，
但一定數量以外的人，都遭夭折。另一是謹慎；由此謹慎，或
節制婚姻，或有意使生育孩子不超過某一數額。如果我們得到
報告，某國的人口幾乎或完全沒有增加，而同時沒有得到正確
的消息：貧困、謹慎或其他某種原因對阻止人口增加的作用程
度，都屬沒有用處的。

　　因此，謂人口在短短幾年以內翻倍，這一命題，是立基於
最有力的證據的 —— 還沒有任何值得稱爲證據的反證。

三、資本的增加傾向慢於人口的證明

　　以下，我們進而考察資本增加的可能傾向。如果資本的增
加是與人口增加的速度一樣，那麼，就業崗位及生活手段也就
跟著各勞動者的生產而產生，也不會造成民眾生活的降級。

　　當一切資本增加的源頭已清楚之際，不再有人相信資本快
速增加的論點，一切資本增加是來自儲蓄。

　　在所有權安全的地方，即便發現：人類具有不可忽視的儲
蓄性向，但政府不開放大量消費的源頭；又在生產上的困難沒
大到令資本進步；在人類過去幾乎未曾經歷過這種情況下，這
種傾向尚極微弱，因此，資本的增加也就緩慢。

　　這種情形似乎是受到人類天性最強烈情操所維護致持續延展下去。每年的產出，常按以下兩種方式其中一種來分配。即：或充分供給民眾以其生活與享樂所必需的物品——此時，當然，較為有限部分的物品，是用以增加富人的所得；或使民眾僅僅得到勉強糊口的必需品——此時，當然，乃有高所得階級的人們存在。各社會的情況乃與此兩方式之一相近似。讓我們來探討這兩種情況下從事儲蓄的動機。

　　1. 在僅僅得到勉強糊口的階級與富者階級存在之時，前者顯然沒有儲蓄的手段。於是，毋須探討他們的動機，富者階級，處在貧者階級之間，是不易於儲蓄的。擁有巨額財產，通常刺激立即享樂的胃口。而且，當人既已擁有巨額財產，可以獲得財產所能支應的一切享樂，他就幾乎沒有儲蓄的誘因。他為何要自我剝奪目前的享受卻去累積那些對他不是那麼明顯有用的東西？即使要引領風氣，那些超過適量財產的富人能做的唯一事情，是讓其財產提高到有足夠的分量，要是不能滿足多數人的心智，這種追求積累（accumulation）的動機，就很不足以抵抗放縱（indulgence）當下的強烈需求。在這種社會秩序的氛圍下，任何資本的急速增加，都會被視為不符道德要求。

　　2. 我們接下來考察：年產出的大份額被分配於民眾的社會秩序氛圍。在這種情形之下，不論勞動的階級或不靠勞動而生活的階級，都沒有儲蓄的強烈動機。

　　我們現在所假定的民眾，他不僅擁有衣食住及舒適甚至享樂所需的物品，此時，他是擁有人類生活一切實質的享樂手段。此外的物品，某種程度屬嗜好性質。這類物品能比富人業已擁有所帶來的歡愉，相對而言，既不多也不強烈到讓有相

當比例沉溺於即時享樂的人放棄，不管多大程度，最實際的歡愉，來積累得花一段時間才享受到少許新奇的工具，以我們對人性運作的理解是不能做此設定。此處有兩組人，一組的人們，理性堅強，能為今後更大的享樂而犧牲現有的享樂；另一組人，理性脆弱，幾乎不能抗拒即時享樂的誘惑。當然，在後一階級，無法期待儲蓄的動機占據優勢。反之，理性堅強（足對享樂予以應有的評價）的階級，在完全滿足合於理性的當然欲望之後，在我們所設想的環境，一定注意到；他們由每一便士積聚所能獲得的享樂，與他們為了獲得這種享樂而必須放棄的享樂，是不相等的。不論我們的天性高尚或低劣，在此環境，都是反對積累的。也因此，積累的動機大都不會發生。即使是對安逸的喜好，這是人們被調動的所有情操中，最為強而有力的天性在這種情形下是積累的頑固敵人，因為，如果任何人願意放棄要透過他的勞動成果才能取得某特定好處時，某種程度上，就可能放棄勞動，並耽溺於安逸的奢華中。那擁有財富以求引領風氣更不必提了。這是由於藉著勞動者的積累而取得的支配感不能構成可運作為具光鮮前景的強而有力動機。

　　到目前為止，只涉及動機在設想的環境中如何發揮到勞動階級上，在年產出中，除去勞動階級的份額之後，其所餘的部分，大多或被分配到少數大富豪中，或被分配到多數中產者中。

　　我們已經檢視：擁有巨額財產時，積累動機的情形，而且知道：這絕不能帶來可觀的效果。現在，我們必須檢視：社會上有許多適度的財產，而巨額財產不占優勢時，其積累動機的情形。在物質享樂的方面，這些適度的財產，給予最大財產

所能賦予與的一切物品。因此，在此情形之下，對於產生即時享樂的強力傾向，能有抵制的動機只有兩個。即：或想引領風氣，或替孩子們準備的願望。

在如此情形下的社會，人們被分成兩個階級。即：安逸而有適度財產的人們，與待遇不薄的勞動者及技工。

前一階級，不僅擁有能滿足獨立與物質享樂，甚至堪稱品味與風雅目的的財產；同時，構成社會的治理階層，並給社會的風氣與娛樂定調；他們的境遇不像那些想像力易為「頂級富豪的浮華」所眩惑並會對其雇主竭誠奉獻的人。後一階級，本是屬於勞動階級的人們；他們在富人很不高興的時候，則畏縮而卑屈；富人些微的恩惠，對他們都是重要的。但是，如果他們的環境，能給予獨立感，而且給予精神陶冶的機會，那麼，他們幾乎不受「富人的浮華」所影響。因此，這種社會情形是：擁有超級財富，幾乎並不引領風氣，而且，不能形成對於儲蓄的強烈動機。

講到為了孩子們的準備，如果一個人，他沒有強烈的意念，想替自己創造比普通適度較大的財產，那麼，至少他幾乎也不會想到替孩子們創造這樣的財產。所以，他想替孩子們做的準備，只能置孩子們與他自己所保持的同樣地位。他切望對他們給予和他自己同樣的，或為他自己所想望的手段，使他們有利的開始生活。如果是此程度，那麼，所謂「替孩子們準備」這一要求可以說是極普遍的，而且，這將保證資本的適度增加。因此，這也許可以視為：對於積累是最適宜的社會狀態。當然，如果「具有文明生活的一切智識與力量」的移民，它被送到無人居住（或幾乎無人居住）的地方，而有權力可以

無限制的耕作最具生產力的土地，則另當別論。因為這種情形是非常少有和非常極端，故在探討人類社會的一般法則時，只要表示沒有忘記這一點，就已足夠。

以上的考量，當可證明：超過適度的財產，幾乎是不能由儲蓄的動機而產生的。但是，人口的增加有快過資本的傾向，這一證明，並不根據上述的基礎，雖然這種基礎是很堅強的。人口增加的傾向，無論增加速度如何，總是有同樣的傾向。這在某一時期，不論是按怎樣的比例而增加，如果置於同樣有利的環境，則在其他任何時期，可以期望其按同樣的比例而增加。資本則與此相反。當資本持續積累要增加資本的難度就愈來愈大，直到最後，增加成為無法實現，此項論述的證據實來自前面已解釋過，決定連續投放在土地的資本所取得報酬的法則。

在優質的土地用完以後，不論資本用在劣質的新土地，或者不顧報酬的遞減而繼續投於同一土地，其產出當隨投資的增加而等比逐漸減少。資本的報酬，如果逐漸減少，則由此儲蓄而形成的年度基金（fund）也將逐漸減少。這樣，儲蓄的困難逐漸增加，終必使儲蓄完全停止。

人口的增加有快過資本的傾向，已很明白。此事一經確定，則對增加速度的追究（inquire），以當前的目的，就無關宏旨。人口的增加，不論如何遲緩，如果資本的增加更為遲緩，則工資就會下跌，部分的人口就會有規則的死於匱乏。而且，這一可怕的結果，除了設法不使資本的增加低於人口的增加以外，是無法逆轉的。

四、為使資本比其自然的增加傾向更加快速而採行的強制方法，是不會產生所要的效果的

為求人口與資本的增加同步，而用人為的手段時，乃有兩個方式：或抑制人口的增加傾向，或資本的增加快過其自然的節奏。

用立法以左右人類行為的方向，其主要方法是獎賞與刑罰。但此兩者，都不十分適用於阻止人類增加趨勢這一目的。即使建議創一法律，對其境遇不適於養育孩子的父母加以處罰，那也不易找到適於這種旨趣的處罰方法；如果這種處罰要有成效，那必使社會產生，與想消除的不安，幾乎同其程度的不安。而且，是否適用於養育一個、兩個或其他若干個孩子的境遇，這也不易確定，且亦難於定義。要用對人口律可以發揮效用的方法，在沒有任何孩子的時候，給予獎賞，這更困難。

立法對其直接的作用，即使並不適當，有時靠其間接的作用，就能產生顯著的效果。像因有害的行徑興起的欲望，且不易由報償與刑罰來阻止的，可使其轉往較少弊害或全無弊害的方向。如果立法者，像它所常做的，有時靠直接的手段，更常靠間接的手段，以求刺激人口律的政策，則當可修正此胡鬧的法制。

輿論的褒貶，這股強大的力量，即在此時，也與在其他的情況一樣，大可利用。如果對於那些因為自己的愚行而使自己與一大家族陷入貧困與寄食的人們，加以猛烈的攻擊；又如對於因其自制而得免於這種窮苦與沒落的人們，加以稱讚，那麼，這種愚行，確實大多是可避免的。

可以指望的成果，是對民眾一面保障由婚姻的結合所能獲

得的一切幸福，同時防止他們人數急速增加帶來的災厄。立法的進步、人民教育的提升以及迷信的式微，期待總有一天會完成此項讓這些重要目標得以調和的艱鉅任務。

以上都是可採立法（legislation）來削弱人口增加傾向的方法。餘下要探討的是：用怎樣的方法可以強化資本的增加傾向。這也有直接的方法與間接的方法。如果立法機關是老練的（skilful），就有強大力量可以影響社會的品味，可將節儉轉爲時尙，花費成爲可恥。立法機關還可創造財產的分配（經驗表示這對儲蓄最有利）。雖然若干國家已經採用節儉令（sumptuary law），但在一般日常事務上，要免於瑣碎和令人不耐的干預下，制定（contrive）其效果極著的節儉法，可不容易。

立法機構要在資本積累上能隨意發揮顯著的效果，確實有一方法。因爲立法機關可留下其年度淨產出中任一份額，並將此轉爲資本。所以，我們只須研究：這用什麼態度來實行？又，這將產生怎樣的效果？

探立法機關認爲方便取得即可的那個份額，那麼，這方法就明白且簡單。適當數額的所得稅，就能有效滿足此一目的。

如此強制創造出來的資本，立法機關可採兩種方法中的任何一種來使用。即：立法機關可將此資本貸給別人使用，也可保留在自己的手中自行使用。

最簡單的方法，大概是將此資本借給製造業者與資本家；只要他們申請這種借款，償還就有保證。這樣，貸出的資本，一年內的利息可以作爲明年的資本。各年取得的數額以複利計算，只要利息繼續維持相當的高，則在爲數不多的年分內，即

可加倍。如果眼看工資就要下降，則可能需要更高的所得稅。如果工資上升似超過勞動者在最好境況時所必要的話，則所得稅可以減低。

不待研究：可以產生這些效果的機器能否運作，我們或可進行另一考量；而此一考量似乎適於定奪該方案的功效。

如果跟著以上的假定來推進，則人口的增加當是急速的。對於愈益惡劣的土地投下資本，或，報酬愈益減少的多次投資，也在加速進行。

隨著資本所生年報酬的愈減，資本擁有者的收入也愈減。如果由於資本的收入不斷的減少，則隨時間經過，除了巨額資本的擁有者，誰都不會由此獲得生活手段。這是極端的情況——假定其並非不能運作，該方案的實施定將產生的傾向。

此外還得研究：到何種程度為止，可以認為這項效果是好的。

我們假定：勞動者對其消費品的支配力，依然不變。不靠勞動工資生活的人，是靠資本的產出或地租生活。在此假定情形之下，靠資本產出生活的人們雖有趨於窮困的傾向，但地租則有增加的傾向。除了土地擁有者，其餘社會的人們，如非勞動者，就是資本家，幾乎同樣的窮困。每次土地的售出，當然要付出大筆的資本，因此，誰都只能購買極小面積的土地。

在此情形之下，土地的販售，只有兩種可能性：或頻繁，或稀少，兩者各能引起什麼效果，是有考量的必要。

土地的販售稀少時，它的結果是簡單的。土地所有者，在大家都是同樣絕望的窮人中，成為比較少數的富人。這種對人類的幸福少有助益的社會情況較為少見；我們現在毋須為證明此事而多費時間。

　　土地，它的本質乃與其他的財產一樣，如被不停的販售，輾轉換手，則完整土地遂被零碎分割，而覆以稠密的人口；其中沒人境遇比勞動者好多少。這種情形，豈是其本身所想要的？想要的情況，是在其以後呢？還是在其以前呢？

　　在大多數人民，其收入比靠工資生活者好的國家裡，如果因為某種偶然事故，致使年產出，一年或連續幾年大大減少至平常標準以下，則為緩和匱乏的影響，也許為數可觀的儲蓄是來自他們的支出（expenditure）。在所有的人都降至靠工資為生的狀態（the state of wages）的國家裡，平常的供給一旦大為減少，將使無法恢復的慘禍普遍發生。

　　由我們的天性中偉大而顯著的特質即其進步性，為知識不斷從這一級進步到下一級，和對幸福手段的追求從這一階段、向另一階段不斷前進的力量——由此力量所湧出的一切恩惠，很大程度上，是靠可自由支配自己時間的這一階級人們的存在；而此階級的人們，也就是他們富裕的程度，足以免除有關生活手段的一切憂慮而處於享樂的狀態中。知識的鑽研與擴充，是靠這一階級的人們；知識的普及也靠這一階級。而且，這一階級的孩子們，受到最好的教育；他們是為社會所有比較高階而且精緻的運行做準備的。例如：立法者、司法官、行政人員、教師，一切技術的發明家以及靠此技術而使人類的支配力超過自然力的一切更重要事業的監督者。

　　考察享受最大幸福的階級是哪些人，特別是以究明提高人類幸福至最高程度的方法為目的這些人的工作。這恐怕沒有爭議的餘地：毋須為維持生活與體面憂慮、而也不因有大量財富而做出不德與愚行的人們，換句話說，社會的提升一

般所要感謝的人們，也就是中產階級（the man of middling fortunes）；他們可以自由支配自己的時間，毋須從事手工勞動，也不屈服於任何人的權威，從事最愉快的職業，形成一階級，並獲得最大份額的人間享樂。因此，像為我們的天性（our nature）增加光彩一樣，即為了人類的幸福，尤其嚮往這種階級理應成為各社會盡可能大的部分。為了這種目的，莫使人口因資本的強制積累，增加至土地給予資本極少報酬的程度，這是絕對必要的。為使社會可觀的人們，能夠享受閒暇的好處，對給予資本的報酬，顯然非夠大不可。不論對於社會的應酬，或促使勞動生產藉以增加的各種力量的結合，都有某適宜的人口密度。但是，在獲得這些好處時，幾乎沒有理由希望人口再進一步增加。如果由一國土地與勞動所生產的淨收入（即扣除被消耗資本的補充），和維持勞動者所必需的年產出後作一份額，人口要是進一步增加，這會減少能左右社會大部分幸福之所繫的重要基金。

　　強力證據顯示，人口增加會降低整個或幾乎是整個社會到僅靠像工資一般維生的境遇，這可不是值得嚮往的狀態，能證明以上的社會狀態對人類福祉不是那麼有利，同樣也能證明在出現這種狀態之前的境遇不是那麼有利，當社會處於各項收入，除了地租的收取人外，都降到工資的水準時所帶來的一切壞處，很明顯在這種境遇之前，即所有收入都稱為減少時，所帶來的壞處是一樣的。接下來當一切收入都沒超過工資（只有少數幸運兒外）時的境遇會是本研究所要探討的第三道和最後一道議題。透過所得稅手段強制積累資本的方式到超過該地步時，立即出現那些靠資本的利潤而活的人，他們的收入低於工資

第二章 分 配 | 41

水準，接著，貧困狀態下會發生的一切不幸陸續浮現；如果強制
積累資本被放棄，或生育率必得下降，或人口增加超過資本；
工資降，所有因工資不足所帶來的災厄都落到勞動階級身上。

　　經過這番冗長而繁瑣的分析，我們可以說：人類的幸福，
靠採取強制的方法（使資本與人口以同樣的速度增加），是無
法保證的；又如另一方面，在生育超過相應於資本所必需維持
人口數時，人類幸福立即有損；那麼，找出限制生育人數的手
段，是一重大的實際問題。很顯然，人口超過一定的密度（如
給社會應酬與勞動結合的好處得到充分實現），人口是不應增
加的。因此，真正的問題是在找出限制生育的手段；使人口控
制在必要的人數內就不再增加。此事如果實現，則在土地給予
資本的報酬仍舊很高的時候，不但勞動者是有充分的報酬，猶
可保有大量的盈餘。如果分配的自然法則允許自由運作，則此
大部分的淨產出，都可毋須勞動而適量的交給此一人數眾多的
階級，他們不論在幸福享受，或在最高智育與德育的成就上都
處於最好的狀況下。社會此時是被視為處在最幸福的狀態。

　　其次，我們不得不說：強制創造出來的資本，政府也可
不出貸而自己使用。但是，政府不論使用此資本，或貸給別人
使用，必然我們由其增加所得到的結果，顯然都是一樣的。
為了促進資本的增加而強制取自所有者們的那部分年產出，
政府自行使用時所能考慮的最好方法，或許是新拉奈克（New
Lanark）的奧文（Owen）先生所熱心主張並引起公眾注意的
方法。奧文說：已被轉化為資本的這部分年產出，可由政府使
用於帶有混合性質的若干基礎設施（即一部分是為農業的，另
一部分是為工業的），又可用於建造房屋，也可用於儲備會有

需要的工具、機械、生活必需品及原物料。在這些設施上，據
奧文的意見，勞動是在非常有利的條件之下被雇用且本人享有
空前幸福的款待。但是，奧文必須考慮兩種情況的任一種：即
人口是應當使其增加？還是應當使其停止？如果應當使其增
加，因資本當然與其同步，故如上所述，在由政府貸與時，從
資本的強制增加所生的一切災厄，即使在投用於這些基礎設施
之時，也會從強制資本增加而產生。如果奧文的想法，是不使
人口增加的，而且，能有對策足以限制出生數，那麼，這些基
礎設施實無必要存在；至強制而殘酷的徵收（abduction）人
民部分的收入，則更無必要。出生數的限制，乃使工資上升，
就可完成一切我們所想要的情事。毋須麻煩也毋須干預，如能
達到限制出生數這目的，或勞動者的境遇可提高到某些渴望的
安樂與舒適狀態，甚至完全阻止資本的積累。

第三節　利潤

　　年產出（annual produce）的全部既已被確認分配於地
租、勞動的工資及資本的利潤；而且，歸於地租部分的原理，
與規範歸於工資部分的原理，業已說明，也就解決了利潤
（profits）的問題。這是因為：餘下部分顯然是利潤。

　　由先前的說明，可以知道：地租完全不能視為對資本與
勞動生產活動的報酬。如須以資本用於劣等地，或須在同一土
地，以次等的報酬，投下更多的資本；則超過此報酬的一切
產出，就資本家與勞動者來說，猶如不曾存在。超過此最低報
酬，對於特定地段或資本特定部分，一經產出，將被取走，並

不影響此兩階級所取得的那一部分。在新的資本以次等的報酬一經使用，則投於土地的所有資本、生產力都被壓低至同樣次等的報酬，不在乎其是出自哪部分土地和哪部分資本，等於說前此所投資本該得報酬的產出，又多了一部分如奇蹟般，由天而降給了這些土地的所有者。

對於用在土地的全部資本與勞動，超過其報酬的那部分，以地租的形式，交給地主之手，乃是偶然的結果。假使：除了一英畝外，一國所有的耕地，都屬同樣的土質，而用在這種土地的每一部分資本，都有同樣的報酬。又假定：此一英畝的產出是其他一英畝的六倍。由其他英畝所產出的，都可視作對投在土地的勞動及資本的報酬（而且為這種報酬的全部）。由唯一的一英畝所生的六分之五餘額，不能認為是勞動與資本的報酬；可以認為：是其特別地段、特別優質的偶然產出。如果，此唯一的一英畝這事是真的；它能使對資本某部分的報酬減少，導致讓所有的資本擁有者，其得自資本的收入已經限縮在減少狀況；那麼，對於任何英畝，也同樣是真的。

用於不付地租土地的資本部分，不論多少，此一情況下的工資與利潤，一定在其他情況下規範了工資與利潤，是顯而易見的。

因此，十分明白；對於絲毫不付地租的那部分資本，所得的報酬是被視為：資本與勞動——兩者結合作用在土地的產出。這部分資本的報酬，是衡量有多少數量的產出可留給「除去地租之後、對於其他部分勞動與資本用在土地的報酬」。所以，這可視為勞動與資本的實際產出，扣去地租之後，留給勞動者與資本家作分配的。故考察何者規範工資與利潤，地租可

以完全置之度外。**地租是減去分給資本家與勞動者的產出的結果，不是原因。**

很顯然，如果某物須在兩當事者間分配，則規範一方份額的，也規範另一方的份額。因為：凡不給予一方的物品，都是他方所得。所以，一方增加份額，都是要減少他方的份額；反之亦然。因此，我們不論主張工資決定利潤，或主張利潤決定工資；又在措詞上，以我們所偏好的來制定為規定者或標準，可說都是恰當的。

但是，因為我們已經知道：資本家與勞動者之間的分配比例，是取決於人口與資本的相對多寡，而相較於資本，人口則有過剩的傾向，變化的主動根源乃在人口方面，這造成視人口（因而工資）為規定者的理由。

因此，資本的利潤既是取決於在勞動與資本的結合產出中各自擁有者所得的份額，資本的利潤乃取決於工資；工資下降則利潤上升，工資上升則利潤下降。

要說清楚這一點，我們必須將依附在「利潤」這一詞彙的多層涵義予以釐清。利潤可意味物品的數量，多少夸特小麥或多少碼布料歸資本家作為其投入食物、原物料及工具某數量的報酬；或利潤這一詞最常指的是物品的相對價值，不是物品本身。就後者的意思來用的時候我們會說利潤率，或我們會說利潤是多少百分比。當我們說利潤是多少百分比時我們只想說可歸於資本家那份產出的價值，占投入生產作為資本而使用的全部物品價值的百分比。例如，當我們說利潤是百分之十，表示歸於資本家的那份產出，會交換到在生產中所使用到的全部物品（即作為資本）的十分之一。

現在，就不會困惑，若我們運用利潤這一詞的最早涵義是指物品的數量，例如使用同樣數量的食物及務農工具作為資本將產生很大數量夸特的小麥歸於資本家，當資本從土地得到的回報很大時就以產出的任一特別份額不論是二分之一，或三分之一或任何份額來表示。所以，在這個最早涵義下的利潤是取決於兩件事；報酬的數量和工資的水準。可是，若我們以常用的涵義來表示價值的比例時，利潤全取決於工資。

當使用同等數量的勞動和資本來生產兩種物品，他們可互相交換，換句話說，一種物品的交換價值等於另一種物品的交換價值。也如同說兩種物品以同樣成本生產，他們可以互相交換，是什麼理由某物品的一半等於其另一半的價值，而要等量的勞動和資本來生產？[2]

所以，物品的價值是由生產該物品所需的資本和勞動的數量來決定的。如果同等數量的資本和勞動，以前能生產某定額的特殊物品，而今由於某種方法的發現，可以生產兩倍於以前的數量，這多出的全部數量並不比以前小數量的價值高；每盎司或每碼的價值減半。同理，當情況相反，如以土地為例，當同等數量的資本和勞動卻生產數量遞減的產出，而這遞減數量的價值卻仍然和以前較大數量的價值一樣。但，如果那個被分成工資和資本的利潤價值仍維持一樣，很明顯也很確定該價值劃歸資本利潤的份額完全取決於歸於工資這份額，所以利潤

---

[2] 此處須稍作預習，有一章論及規範物品交換價值的源頭會有很長的解釋。讀者得參考該章以得全貌。

率，或由資本家承擔資本價值所收到歸於他的價值的比例，全取決於工資。

可以假設一種情況，即勞動和資本的生產力增加，不僅發生在某一行業，而是同時發生在所有生產行業。同等數量的勞動和資本原生產 10 夸特小麥，可生產 20 夸特；原生產 100 碼布料的等量勞動和資本可生產 200 碼；以此類推。

很清楚的，如果某數量的勞動和資本用來生產小麥，該產出會全數交換某一數量的勞動和資本用來生產布料的產出；如此一來，相應數量的勞動和資本的產出在增產後和增產前一樣會交換其結果在其他情況也是一樣。某定量資本甲的產出，在增產前，全數和某定量資本乙的產出交換，增產後也同樣如此交換；如果甲的產出為 100 雙襪子，乙的產出為 50 雙鞋子，若這些產品彼此交換，當這些產品一方增為 200 雙襪子，另一方增為 100 雙鞋子也依此交換。在此情況下，不僅這兩種產品的全數有像增產以前同樣的相對價值，甚至連部分都有同樣的相對價值。當在增產以前一雙鞋子值兩雙襪子，增產後亦復如是，且若有任何同樣的變化發生，產出的每一件價值相對於每一件其他的產出價值也和以前完全一樣。

我們也必須探討在這種情況下對工資和利潤會有何影響，產出的數量會以倍數分給兩者，如依同樣的比例分配，每位資本家和每位勞動者都收到比他以前多一倍的產出，每人可取得物品的支配也會完全成倍。

如果連繫到生產成本，他們和以前的處境完全相同，每項都收到和以前由同樣生產工具所產生的同等份額。如連繫到產出，則每項物品都有很大的增量，工資和利潤在某一意義上兩

者都增加，但在另一意義上，都沒有增加。

投放在土地上的資本，因得求助於低度肥沃的土地，或連續增投在同一土地，所造成的報酬減少，會降低用在製造業和其他類別工業的資本所取得的報酬。

我們業已看到投放在土地上的資本其報酬減少是無可避免，但任何使用資本的利潤率也必然是所有使用資本的利潤率，如果在別的場合投放資本能給他帶來較大的利益，沒有人會繼續把資本用在農業上。因此，所有其他的利潤必下滑到農業利潤的水準，產生這項作用的步驟仍待多加解釋。

當對小麥的增量需求到了只能求助於劣質土地的產出，或在同一土地上多次的資本投放所帶來次等報酬的地步時，當然耕種者會反對投放其資本到比前生產力差的土地上，所以小麥的需求增加卻沒有相應比例增加的供給，結果是小麥的交換價值升；且當其上升到某種高度，耕種者在產出必然會下降的條件下，種植小麥就能獲得和其他任何的資本擁有者所取得的利潤一樣高。

他的利潤經過這個程序無法趕上以前的水準，但所有其他的利潤都被降到他已經減少的程度。藉著小麥價值的上升，維持勞動的成本也會提高，勞動者消費的維生必需品是有其一定數量的，不論這必需品價高或低，當其價比前高，勞動成本就比前高；雖然其消費的物品數量可能維持原數。因此，他的工資必然視為上升，雖然其真實的回報可能沒有增加。

經過生產成本和小麥價格的這種變動，所有資本的擁有者都被迫提高給他們勞工較高的工資。因此，他們的利潤，一如我們剛看到的，得減少。農場主依同樣的理由，被迫提供較高

工資。至於農場主所使用勞動者和資本之產出，遂被迫將其更大的份額給他的勞動者；因此，他的利潤，以同一方式和同一程度，減少到和其他資本家一樣。他的物品價格上揚；但只能盡可能補償他已深陷的特別不利，他的資本回報所給的產出數量在減少。但其他用途的資本回報所給的產出數量並未減少。他的物品價值上升盡可能補償他這專屬的遞減報酬。但，起因於工資上揚的利潤下降，必須共同分擔，沒有任何價值的增加可補償那類費用的擴增。

由此可知，相比於人口的增長，和資本被迫用在肥沃度愈來愈低的土地，資本的利潤是逐漸且不停的被減少。

此處，對於讀者，回顧一下以上的推理及確定其完成的步驟中已經有過的數字與其重要性，是有益的。前述已發現：根據何種法則，生產出形成國家財富的物品；又在產出後，根據何種法則，進行交換。

發現：(1) 有兩種生產工具；一是首次，另一是二次；(2) 勞動是首次生產工具；這種工具，如果抽開來自資本的協助，則勞動的生產力，是主要由限制各人生產作業程序的數量（換句話說，是由所謂分工）而增強；(3) 此外，資本，不僅因在時間的順序上，它是「後來的」，而且，因其存在是靠勞動，所以，相較於勞動，它是第二次的生產工具。（按：以上括號的數字，為譯者所加）。最初的資本，乃為純粹勞動的成果；隨後為勞動與資本結合的成果，也可分解成勞動，即一切生產的終極本源。

讀者現又看到：由勞動與資本作用所生的產出，首先被分割成三部分；即土地的地租、勞動的工資與資本的利潤。直至決定這些部分（即歸屬為地租、歸屬為利潤及歸屬為工資）的分界法則被發現時為止，幾乎所有政治經濟體的結論，都是含糊而不確實的。前面已經說過，地租可被視為與勞動及資本生產力的普遍成果並無關係；這是出自土地有項特殊缺點：對於資本的連續投放並不一直產生等量的產出；與及，資本投放在較具生產力的土地所產生超過最不具生產力的土地產出這部分。產業的產出被分為三部分，其一部分的限度經如此確定後，那被視作勞動與資本合作的純粹成果，留給資本家與勞動者分配。讀者可以容易理解：如以比例來說，一方的份額增加，則另方的份額就因而減少；在此意義上，工資與利潤是互相依存的；但是，若就關於產出的數量（這些份額所包含的）來說，則生產工具的生產力乃是具決定性的源頭。

第三章

交　換

第一節　由物品交換所生利益的性質及從事物品交換的主要代理人

　　當兩個人，擁有超過自己所需的物品，例如，甲有食物、乙有布料；此時，前者希求多過其本身現有的布料，後者希求多過其本身現有的食物；如果這兩人，能以前者的部分食物交換後者的部分布料，這對兩者都是極合適的。而且，這在其他情況，也是一樣。

　　既然實行交換，那麼有兩種人們的介入，是大為有利的。一是運輸業者，二是商人。

　　在分工和分配已進行至可觀程度時，財貨的消費與生產，就有相當的距離，而且往往隔得很遠。因此，這些財貨必須由生產的地方運到消費的地方。運輸業者乃有兩種，即陸上運輸業者與水上運輸業者。經營運輸業務，乃需資本與勞動。在陸上運輸，則兩輪運貨馬車或四輪運貨馬車、馬或其他家畜，以及這些家畜與必需人員的維持費用，在水上運輸，則船舶及操縱船舶者的維持費用，遂構成必要的資本。

　　人們在需要各種物品消費的時候，如果為了取得這些物品而逐一跑到其製造業者與生產者的地方去整補，那是非常不便的。而且，這些製造業者與生產者，往往也許彼此住得極遠。自己使用的全部物品（或可觀部分），能夠集中一個地方，這對消費者，可省卻非常多的煩勞。這種便利，促使商人階級的興起；這些商人，由製造業者購進各種有利可圖的物品，以備派上用場。

在一名或少許商人足以供給全居民所需的小鎮上，一個人的店鋪或倉庫，放著一般所需的所有種類或大多種類的物品。在人口眾多的地方，與其許多的商店各賣幾乎所有種類的物品，不如將這些物品分類各有專賣店，例如：甲專賣帽子類、乙專賣針織品類、丙專賣玻璃類、丁專賣五金類等等；這樣更爲合適。

第二節　什麼因素決定各種物品的相互交換數量？

在以一定量的一種物品與一定量的他種物品（例如，一定量的布料與一定量的小麥）交換時，自有某樣要素使布料的所有者，決定接受某種數量的小麥；同樣，使小麥的所有者，決定接受某種數量的布料。

顯然，需求與供給的原理居第一。如有大量的小麥出現市場來和布料交換，而可與小麥交換的布料，在市場出現不多，那麼，少量的布料就可取得大量的小麥。如果小麥的數量並無增加，而出現市場的布料數量有所增加，那麼，與一定量布料交換的小麥量，就將等比減少。

但是，這一解答，沒有解決全部的問題。物品相互交換的數量，乃視供給對需求的比例爲何。因此，究明其比例是如何決定，顯然是有必要。供給對需求，是依據何種法則進行的？這是政治經濟體最重要的研究之一。

需求創造供給，需求的流失乃使供給消失。在對物品的需求增加之時，如果供給可以增加，則通常結果是：供給隨之增加。如果對任何物品的需求完全停止，則此物品就不復生產。

　　原因與結果的關連，在此是容易說明的。如小麥被投放到市場，則生產小麥的成本是這麼多。如布料被投放到市場，則生產布料的成本又是那麼多。爲簡單計，現在假定市場上的物品只有兩種。這些物品，不論被理解爲少數或多數，都不影響其結果。

　　運小麥至市場的成本，與運布料至市場的成本，或則相等，或則不相等。如果是相等，那麼，對於生產布料或小麥的人，都無變更其物品數量的動機存在。因爲他們以其勞動用在物品的生產上，不能獲得更多他們在交換上所得的物品。如果成本是不相等的，則立刻就發生變更此一比例的動機。假設生產全部小麥的成本，大於生產全部布料的成本；前者全部一次或逐次，與後者的全部互相交換。此時，生產布料的人，乃以較少的費用（比生產小麥並運小麥至市場的人），擁有小麥；同時，生產小麥的人，乃以較大的費用（比生產布料而將此運至市場的人），擁有布料。

　　於是，產生「減少小麥量而增加布料量」的動機。這是因爲：一直在生產小麥而購買布料的人，將其生產手段，由前者移向後者，就可獲得更多的布料。當用同量的手段，來生產布料，較以等量手段，生產小麥來交換布料，不能獲得較多的布料時，「則以一物的數量轉爲另方的數量的一切動機」，都告終止。生產小麥既比生產布料沒有更多的收入，則生產布料也比生產小麥沒有更多的收入；即兩物的生產成本都是一樣的。

　　這樣，各種物品的相對價值，換句話說，可與他物某定量交換的此物數量，首先是取決於需求與供給；但是，最後（而且正確的說法）則完全取決於生產成本。需求或供給的增減，

當超過生產成本點時，會暫時增減與他物某定量交換的此物數量。但是，競爭的法則，在不受妨礙的地方，則一定會到這個點，而且維持在此點。

因此，生產成本規範各種物品的交換價值。但是，生產成本本身卻帶點模糊。不同人對這個詞常賦予不同概念。

勞動及資本兩要素，通常是在生產上相結合。

結局，生產成本（cost of production）或是以勞動與資本組合的形式存在，或則，此兩者的一方可歸結到他方。如其一方能歸結到他方，則生產成本就不以兩者的形式出現。

由最初的外表所想到的見解，無疑的，生產成本是只由資本構成。資本家付給其勞動者的工資、買入原物料，希望他所耗費的，連同全部所投資本的正常利潤，在價格之內收回。如果是由這種看法來看問題，則生產成本完全是由已被耗費的資本及進行生產時所有投入資本的利潤所構成。

但是，這樣解釋的資本，看似容易瞭解，但表現卻曖昧，而且包含一種錯誤。當我們說「生產兩要素的資本及勞動，分屬於兩階級的人們」時，意思是：勞動者與資本家，對於生產各有如此這樣的貢獻，故生產出來的物品乃按一定的比例，歸屬於兩者。但是，在生產完成之前，當事者的一方，是可能已經購買另一方的份額的。此時，全部的物品，歸屬於已經購買他方份額的當事者。事實上：資本家常在支付工資以雇用勞動者時，業已購買勞動者的份額。勞動者，不待物品產出後依份額支領，就以其勞動取得工資，顯然，他們已經出售對其份額的請求權。因此，資本家不僅是資本的所有者，也是勞動的所有者。如果付作工資，像通常一樣是被包含在資本，則

在資本之外，另稱勞動，這是不合理的。資本一詞，在如此使用的時候，包含資本與勞動兩者。因此，所謂物品的交換價值，是由如此解釋的資本所決定，即這是由組合後勞動與資本所決定的。但是，在此，又回到我們的出發點。在資本的定義之內，若含勞動，而後又說未含勞動的資本決定交換價值，實屬無稽。如果資本被解釋為：並不包含購買勞動的貨幣，因而並不包含勞動本身，則資本並不規範交換價值，這是顯然的。

如果勞動是唯一的生產工具，毋須資本，則某一物品的一日勞動產出，可與另一物品的一日勞動產出互相交換。在野蠻社會，如果獵人與漁夫，前者想以獵獲的一部分，後者想以漁獲的一部分，來變更他們的食物，那麼，他們一日獲得的平均量便形成交換的標準。如其不然，則兩人之中乃有一人，會比其鄰人處於不利。此時此人擁有也會行使完全的權力，由一方的立場移向另一方的立場。

在估計等量的勞動之時，當然，對各種工作的困難度及其所需熟練度的不同，也得斟酌。如果有兩名一日勞動的困難度與熟練度相等，各以其產出互相交換，則更困難或需更高度熟練的一日勞動產出，可以交換更多的物品。

所有的資本，實在都由物品構成。農場主的資本，不是其所有的貨幣。因為：他不能以貨幣用於生產。他的資本是由他的工具及家畜構成。

所有的資本既都由物品構成，所以，最初的資本一定是純粹勞動的成果。最初的物品，是不能由其以前存在的任何物品所製造的。

但是，最初的物品，即最初的資本，既為純粹勞動的成

果，則此資本的價值——即其可以交換到的其他物品數量，一定是靠勞動來估算的。這是我們已確立的命題（即在勞動為唯一的生產工具時，交換價值乃由物品生產所需的勞動數量決定）之立即結果。

如果此事已經確立，則所謂「所有物品的交換價值乃取決於勞動的數量」，也是必然的結果。

如上所述，最初的資本，乃是純粹勞動的成果；因此，乃有等比於此勞動的價值。這種資本有助於生產。既然資本有助於生產，於是，就可主張：所產的物品價值是由資本的價值所決定的。但是，我們業已同意：這種資本，其本身的價值是由勞動所決定的。因此，說某產出的價值是由資本的價值所決定，則沒道理。此時，諸位必須越過資本的價值，更進一步追問：資本的價值，其本身是由什麼決定的？既說產出的價值是由資本的價值決定的，又謂資本的價值是由勞動的數量所決定，那就是說產出的價值是由勞動的數量決定的。

如此說來，顯然的，不僅是最初的資本價值，又由最初資本所生產的物品價值，也同樣必然是由勞動的數量所決定。第二階段的資本，一定是由「最初階段的資本所生產的物品」所構成。因此，這一定可用勞動的數量估算。同理，對於一切此後階段的資本，都可適用。最初資本的價值，乃由勞動的數量所規範；由此最初資本所生產的資本價值，雖由最初的資本價值所規範，但是，最初的資本，乃出於勞動的價值，因此，最終也由勞動來定價值。而且，只要假定生產是連續進行的，那麼就無限制的繼續下去。但是，如果所有資本的價值，一定是由勞動所決定的，那麼，當然，在任何假定之上，**所有物品的**

價值都一定是由勞動決定。

確實，說物品的價值最終取決於資本，這其間包含著一種不合理（爲所有不合理中之最顯然的）。資本是物品，因此，如果物品的價值取決於資本的價值，那麼，物品的價值乃依存於自身。這不能成爲價值的說明，這種說明方式是很明顯且完全失敗的嘗試。

由此顯見：勞動量決定物品可以互相交換的比例。爲了反駁這些結論帶來一現象，因而有說明的必要。

或謂，物品的交換價值並無勞動的干預，實受時間的影響。因爲：在資本的利潤必須包含在交換價值之內時，如果一物品的生產，其所需的時間超過其他物品，則此超過部分必須予以追加。例如：要是等量的勞動在同一季節之內生產一桶葡萄酒與 20 袋小麥粉，那麼，這些物品在其季節終了，可以依此比例互相交換。但是，如果葡萄酒的所有者，將葡萄酒放在酒庫裡，藏了二年，那麼，它就有超過 20 袋小麥粉的價值。這是因爲：二年間的資本利潤，一定被加在原本的價格上，此處乃有價值的附加。但是，此處沒有勞動的新運用，是可斷言的。因此：勞動量並非規範交換價值的標準。

這種異論，是基於對利潤本質的誤解。利潤實爲勞動量的衡量標準，在論資本時，這是我們可以應用的唯一勞動量衡量標準。這是可由嚴密的分析而確證的。

在生產兩種物品，例如，爲了立即消費的一匹綢緞與作爲固定資本的一部機械時，這若一匹綢緞與一架機械是由等量的勞動同時生產，則兩者正可互相交換；勞動量顯然是這些價值的規範者。

　　但是，如果假定：機械的所有者，他的使用目的不在出售，而是以此產生利潤，則其行為的真正特質和本質為何？他不是一次全部取得其機械的價格，是每年取得若干的分期付款。實際不由資本的總額而由市場的競爭決定年紅利（annuity）；這是，他就資本的總額取得一完全等價的年紅利。對資本總額的年紅利所保持的比例為何，即：這是十年的年紅利或二十年的年紅利，總之，這種比例，乃是機械原始價值的每年年紅利。因此，結論顯然沒有議論的餘地。機械的交換價值，如其製成後即行販賣，那是製造機械所用勞動量的實際衡量標準；故其價值衡量標準的十分之一或二十分之一，也相當於其勞動量的十分之一或二十分之一。

　　如果一部機械費了 100 天用於製造某一物品，而在製造時全被消耗，此外，又以 100 天的純粹勞動用於製造另一物品，則此機械的產出與此勞動的產出，假設毋須對時間的不同作調整，就可互相交換。

　　現另假定，此機械是固定資本物，並未全被消耗；試論其結果。在前一情形，已經假定 100 天的勞動，是因機械的消耗而完全消費。在第二情形，100 天的勞動，尚未被耗費，因機械未能全被消耗。但是，由於 100 天的勞動，是以整體形式來使用的，所以，若干勞動一定已被耗費。那麼，我們能說：若干的勞動已被耗費嗎？我們在支付的等價之內有其正確的衡量標準。如果在機械全被消耗時所獲得的等價為 100 天的勞動衡量標準，那麼，這場等價的若干比例，在機械沒被消耗時，為使用該機械的一年的收益，這一定代表已投於此機械的勞動相應比例。

資本已被確認稱為窖藏勞動（hoard labour）。由 100 天的勞動所生產的一筆資本，乃是 100 天的窖藏勞動。但是，全部 100 天窖藏勞動，在構成資本的這一物品未全消耗時，是未全被耗費的。一部分是被耗費了，那麼，哪一部分是被耗費了呢？關於此點，我們沒有直接的衡量標準。我們只有間接的衡量標準。如果依年紅利償還的資本，是按百分之十的比例償還，則視一年間所耗費的，為所窖藏的勞動十分之一；是沒有錯的。

葡萄酒放在酒庫裡一年如果增值了百分之十，就應視為有百分之十的勞動耗費在上面。

政治經濟學家為了更方便解說，引介簡單情況，其中一種是純粹由資本製造的物品，毋須直接勞動的協助；例如，由機器從製作到完成物品皆以自身運作為之，且機器有很長的耐用期，顯然，物品若能如此製成，其整個價格包含利潤。但若說勞動在創造此類物品的價值中毫無作為，卻是不合理的，因為，說白點，正是勞動賦予物品全部的價值；要是物品沒有勞動參與其中，就全無價值。確實，這是窖藏勞動，而非直接勞動，在創造物品的價值。但，一如直接勞動創造的價值是等比於物品所用到的勞動數量，窖藏勞動也一樣；卻沒有任何其他原理可以依據認為窖藏勞動是如此。

如果有兩部機器具有上述假定的功能，一部是由 100 天的窖藏勞動完成，另一部是 200 天的窖藏勞動，那這部機器的日產出將是別部日產出的一倍。為什麼？因為一倍的勞動數量投入生產這和當他們說會將時間算進去的情況，完全一樣。如果 100 天窖藏勞動使用了兩天，其產出在價值上將等於 200 天窖

藏勞動一天產出的價值。為什麼？因為 100 天窖藏勞動使用兩日在數量上是等於 200 天窖藏勞動一日的使用。

在這種情況下，稱之為時間僅是年紅利的算法，用來衡量已使用的勞動數量。

馬卡羅知先生（Mr. Mc. Culloch）說的最貼切和具總結性：時間沒做什麼事。那時間如何創造價值？時間僅是一個抽象用語。時間是一個詞，一種聲音。說一個抽象單位用來衡量價值，並說由時間創造價值，在邏輯上是非常詭異的。

第三節　工資及利潤的變動，對交換價值的影響

在說物品是由勞動與資本兩要素所生產時，基於資本乃是勞動的成果，所以，我們實際上等於說：物品是由兩種不同情況的勞動量所生產。即：一是直接勞動（指即刻利用勞動者雙手的勞動），另一是窖藏勞動（指以前勞動的成果，或被用以幫助直接勞動，或被作為直接勞動的對象物）。

有關這兩種勞動，必須觀察兩件事情。第一是：兩者未必按照同樣比例得到支付。即一方的報酬可能在他方的報酬上升時而不上升，在他方的報酬下降時而不下降。還有，第二是：兩者未必對所有物品的生產都有同樣比例的貢獻。

如果是有任兩種勞動，其工資不以同一比例漲跌，且在一切物品的生產上，其貢獻度也不同；那麼，這一情況（即這些勞動，其貢獻度不盡相同），在每次工資率有所變動時，乃產生交換價值的差異。

如果所有的物品，是由熟練勞動與不熟練勞動所生產

的，但此兩類勞動的相互比例，乃因物品而不同；又如在熟練勞動的工資每次上升時，不熟練勞動的工資總是上升兩倍，則在工資上升之時，其生產使用較大比例不熟練勞動的物品，比使用較少比例不熟練勞動的物品，價值上升；這是顯而易見的。又，同樣清楚的是：兩種勞動工資的變動率，它的不同，與這些勞動被用於各種物品生產比例的不同，在工資升降的時候，雖使貨物的相對價值發生變動，但是，所謂「勞動量決定交換價值」這一命題，絲毫不受影響。

在我們考慮所謂「直接」及「窖藏」兩種勞動時，也存在不同比例的使用，情況也全相同。

為便於說明勞動與資本對生產不同的貢獻度特舉三種情形：兩種極端的情形與介乎中間的情形。第一是：沒有資本而僅靠直接勞動所生產的物品；第二是：一半依靠資本、一半依靠直接勞動所生產的物品；第三是：沒有直接勞動而僅靠資本所生產的物品。完全與兩極端相一致的物品，實際是恐怕沒有的。但，近於極端的物品，這是有的；在例解最單純的情形時，根據其餘不同情形，是可容易修正加以斟酌調整的。

如以兩種勞動用於物品的生產，而一種勞動的報酬上升而另種勞動的報酬下跌，則其生產所用第一種勞動較多的物品，在此種勞動的報酬上升之時，比其所用較少的物品，交換價值要上升。但這種報酬上升的程度，依存於兩種情況。第一是：依存於「在一勞動報酬上升時，他種勞動報酬下跌的程度」；第二是：依存於「其物品生產所用第一種勞動比例超過此種勞動在別種物品生產所用的比例程度」。

於是，第一問題是：在工資上升時，利潤下跌到什麼程

度？這是很一般的問題。因為：在不同物品的生產，兩勞動結合的程度，是取決於各特殊情形的。

如果所有的物品，符合第一情形（前所假定的範例，我們為簡單計而可名為第一、第二、第三情形）；換句話說，如果所有的物品全由勞動所生產，而資本只用於支付工資，則在此種情形，勞動工資上升多少，正是資本利潤下跌多少。

假使 1,000 鎊的資本，如此的使用，而利潤為 10%，則物品的價值為 1,100 鎊。因為這樣，資本與其利潤始可一起回收。這種物品可視為由 1,100 鎊而成的，其中 1,000 鎊屬於勞動者，而 100 鎊屬於資本家。在這種情形下，如果假定工資上升 5%，此時，資本家的所得，顯然不是 1,100 鎊中的 100 鎊，而只有 50 鎊；因此，其利潤，不是 10%，而是 5%。他必須支付 1,050 鎊的工資，而非 1,000 鎊。這種物品的價值不會上升，來給他補償。因為，我們假定：所有的物品都在同樣的狀態。與以前同樣值 1,100 鎊，只有其中的 50 鎊留給他自己（按：指資本家）。

如果一切的物品都合於第二情況，則利潤的下跌，將只及工資上升的一半。若我們假定：1,000 鎊付於工資，1,000 鎊用於固定資本；並再假定：利潤乃與過去一樣是 10%（而以上為全部費用），那麼，物品的價值將為 1,200 鎊。因為：這樣始可回收所消耗的資本，及支付全部資本利潤的總和。此時，物品可被分割成 1,200 鎊中有 200 鎊歸於資本家。如果工資上升 5%，他所付的工資不是 1,000 鎊而是 1,050 鎊，那麼，他尚保持 150 鎊，作為利潤。換句話說，只受到 2.5% 的減少而已。

　　我們即使假定：有 1,000 鎊資本，並不用以支付工資，一部分是以流通資本（需要回收）的形態，消耗在生產過程，事情也完全一樣。例如：1,000 鎊用以支付工資，而 500 鎊也許用作固定資本（耐久的機械），則 500 鎊也許用於原物料與其他費用。如果這是費用支付的情形，則物品的價值將爲 1,700 鎊。這是可以回收的資本與對全部資本 10% 利潤的總和。此 1,700 鎊中，1,000 鎊雖是墊付款項，而爲工人們的份額，但 700 鎊則爲資本家的份額，其中 200 鎊爲利潤。現在如果工資上升 5%，在上述 1,700 鎊部分中的 1,050 鎊爲工人的份額，資本家只有 650 鎊。在收回其 500 鎊的流通資本之後，留下 150 鎊爲利潤，這與以前一樣，乃是 2.5% 的減少而已。

　　如果一切的物品，符合不付工資的第三情形，那麼，利潤將不受工資上升的影響。又，物品愈接近這種極端的情形，則工資上升對於利潤的影響愈少；這是顯然的。

　　如果我們假定：在實際狀況下，中間情形的一邊，與其另一邊是有同樣多的事例（這種假定，是最有可能的），則其結果，因會互相抵銷，所以利潤確只減少至工資上升的一半。

　　步驟可依如下進行：

　　在工資上升而利潤下跌之時，顯然，以較少勞動（就對資本的比例而言）製造的一切物品，比以較多勞動製造的物品，價值會下跌。這樣，如以第一情形（即物品全靠勞動所生產）爲標準，則此時的一切物品，可說仍舊停在同一價值；屬於第一以外情形的任何物品，可說都是價值下跌。如果以第二情形爲標準，則其所屬的一切物品，可說仍舊停在同一價值；其較近前一極端的任何物品，可說都是價值上升；其較近後一極端

的任何物品，可說都是價值下跌。

　　生產第一情形物品的資本家，在工資上升 5% 的時候，雖然負擔 5% 的追加費用；但是，他們乃以其物品與別的物品互相交換。如果他們以此與第二情形的物品（資本家只是負擔 2.5% 的追加費用）相互交換，那麼，他們取得 2.5% 的增量。這樣，在獲得於第二情形下所生產的財貨之時，他們得到相當程度的彌補，只由工資的上漲而受到 2.5% 的不利而已。但是，在此交換上，於第二情形下生產財貨的資本家而言，其結果則反之。他們在其財貨的生產上既受到 2.5% 的不利，而在由交換獲得於第一情形下生產的財貨時，更受到2.5%的不利。

　　整體而言，其結果如下。即所有獲得在第二情形下生產的財貨（不論自己生產或由交換得來）的生產者，乃有 2.5% 的不利；從事接近前一極端財貨的生產者，其所受的不利較大；從事接近後一極端財貨的生產者，其所受的不利較小。再者，如果，一邊的案例與另邊的案例相當，則所受損失的整體為 2.5%；因此，這在實際，是可假定利潤減少的限度。

　　由這些原理，就較容易推定工資上升對於價格的影響。所有的物品，都可與貨幣（即貴金屬）比較。如果假定（這恐怕是離事實不遠的）：貨幣是由符合第二情形（即由同等比例的勞動與資本）所生產的，那麼，在此中間情況所生產的一切物品並不因工資的上升而使價格受到變化。反之；比此更接近前一極端的物品（即其製成，需要勞動的比例較大於資本的物品），價格上升；而接近後一極端的物品（即其所用資本大於勞動的物品），價格下降。因此，由物品的總體看來，則既無下降，也無上升。

　　由此所述的說明得知：「價值的衡量標準」是什麼意思？又在什麼地方，乃與我們曾經努力說明的「價值的規範者」有所不同？

　　貨幣（即鑄幣形態的貴金屬），由此所述，可以知道：實際是作為價值的衡量標準。貴金屬的某一定量，被設定為一既知的價值；其他物品的價值乃用該價值來衡量。例如說：某一物品為這定量金屬價值的二倍，另一物品為其三倍等等。

　　但顯然，只有（貨幣）其本身維持同樣的價值，始能保持正確的價值衡量標準。譬如兩倍於一盎司白銀價值的某一物品，變為其價值的三倍，如果我們知道：我們的衡量標準是不變的，那麼，我們才知道：此物品的價值發生了怎樣的變化。

　　但是，可以作為價值衡量標準的物品，無不由於本身生產所需的勞動及資本數量的變化及由於工資及利潤的變化，使其本身的價值受到變動的。

　　由生產所需的勞動量變化而引起的價值變動，是最重要的。這是因為：如果我們選為價值衡量標準的物品，可以確信是常在同一情況之下（即由同量的直接勞動與同量的窖藏勞動）所生產，則此物品，常可作為所有在同一情況下生產的物品的正確價值衡量標準，至於其他物品由工資及利潤的變動所生的價值變化，則可藉此標準來計算其適合的價值。

　　所以，如果黃金是在第一情形之下，只依勞動而生產；例如：用手從河床淘取；而且，等量勞動常有等量的收獲，那麼，它常成為一切依純粹勞動所生產物品的正確而且直接的衡量標準。但是，如果工資上升而資本的利潤下降，則黃金價值比在第二情形之下所生產的物品，乃告上升。而且，這對這

些物品生產所需的勞動及資本額，也不產生任何變化。因此，
在這樣情況之下，黃金的價值每因勞動工資的變動而變動，那
麼很顯然的，實不宜作爲價值衡量標準。例如：有合約約定在
20 年內以若干黃金支付的年紅利，則此年紅利，在其期間的
終了，比初期，既可能多 10%，也可能少 10%。雖然，這在
其間，一直支配完全同量的勞動，但是，對靠資本的協助而生
產的一切物品，則有不同的支配量。而且，這與以資本（而非
勞動）爲其生產要素的程度成比例。

固然，我們根據嚴謹的分析，可以知道：交換價值確與生
產時所耗費的勞動量成比例；但是，此處，乃有兩個理由讓我
們以勞動量不能作爲價值的衡量標準。

第一：我們已經說過，用於生產的勞動乃有兩種；而且，
產出被分配於這些勞動之間的程度則常變動；由此兩種勞動不
同比例所生產的物品，其交換價值，乃隨之變動。第二：我們
並無任何實際的方法，事先查定參加生產的窖藏勞動正確數
量。因爲：我們對此數量的唯一衡量標準，是此數量所帶來
的價格。就是這兩種情況讓我們不能以價值的規範者作爲價值
的衡量標準。

根據這些說明，可以知道：並無任何正確的價值衡量標準。

任何物品，可以視爲：是在上述三組情形之下所生產的。
如果我們以在第一情形之下所生產的物品（例如：僅用手淘取
的黃金），作爲我們的衡量標準，那麼，這常可購買同量的純
粹勞動與由同量這種勞動所生產的同量物品。但是，這不能購
買需要多於或少於此勞動量的同量貨物，不能購買窖藏勞動的
同量產出；只能按工資的上升比例而多購，可按工資的下降比

例而少購。我們如果以在第三情形之下（即只依窖藏勞動）所生產的物品爲衡量標準，那麼，這常可購買同量的窖藏勞動（如其生產力無何變化），但視利潤（即視窖藏勞動的工資）或上升或下降，而可購買較多或較少由直接勞動所生的物品。在中間情形之下所生產的物品，最符合目的。這是因爲：在中間情形之下所生產的物品遠爲多數（較任何兩極）。所以，在此情形之下所生產，而且，其生產所用的兩種勞動數量幾乎比其他任何物品所用的變化來得最少的黃金，因有這一長處（雖然此外還有其他長處），可作爲交換手段；即：它比可以採用的其他幾乎任何物品，都適宜作爲價值衡量標準。某種程度可預見的疏漏，藉實際的睿智，做適當的調整，加以修正。但是，這如有意外的大變化發生，就不能採用；且在此時，其結果將是失序。

第四節　互相交換物品成爲有益於各國的情況

我們已經知道：由勞動的分工與其巧妙的分派（distribution），所產生的利益，是促成物品交換興起的部分動機。人們如果不能藉此來互相交換其他各種物品，那就不能僅生產個人福祉所需的各種物品中之一種。

另有一情形，是極明白的提供交換物品的動機。某種物品，只能在特定的地方生產。金屬、煤炭及其他許多最重要的物品，是特定地段的產出。有些植物產出也是如此；這些產品，不是適於任何土壤與氣候的。有些物品，雖非限於特定的地方，但在某處乃比別處可以更便利而且廉價生產。例如：需

要消耗大量燃料的物品，要在煤礦區；製造時需要很大動力的物品，要在河川流量落差充分的地方；需要特大比例人手勞動的物品，要在食品（因而勞動）廉價的地方。

　　這些都是明顯的原因。此外，還有另一個原因需要更多的說明。假使兩國都能生產兩種物品，例如小麥與布料；但是，這兩種物品，如果不能同樣容易生產；那麼，兩國都各僅生產其中的一種物品；而互相交換方為有利。如果兩國的一方，能特別善於生產此兩物品的一種，而另一方能特別善於生產此兩物品的另一種，那立刻明白：就有動機使兩國各僅生產該國特別擅長的物品。但是，即使兩國的一方，在此兩物品的生產上，都優於另一方，這種動機仍是存在。

　　此處所謂：優於另一方的好處，是指以較少勞動生產同一成果的能力而言。我們不論假定對其勞動的支付較高或較低，都是一樣的。即使假定：波蘭可比英國以較少的勞動生產小麥與布料，還不意味：因此由英國輸入這些貨物之一，不符合波蘭的利益。如果波蘭可以較少勞動生產的差額，對此兩物品是一樣的；例如：如果波蘭各以 100 天勞動可以生產的小麥與布料，在英國生產同樣的數量，則各需 150 天的勞動，那麼，波蘭就沒有由英國輸入此兩物品（任何一種）的動機。但是，如果在波蘭以 100 天勞動生產的布料數量，在英國要 150 天的勞動生產，同時，在波蘭以 100 天勞動生產的小麥，在英國需 200 天的勞動，則在此時，由英國輸入其所需的布料，將是波蘭的利益。這些命題可以證明如下：

　　如果在波蘭都需 100 天勞動的布料與小麥，在英國則各需 150 天勞動，那麼，在英國需 150 天勞動的布料，運到波

蘭，就與在波蘭需要 100 天勞動的布料相等。因此，如與小麥交換，這只能交換 100 天勞動的小麥。但是，因為假定：在波蘭 100 天勞動的小麥，乃與在英國 150 天勞動的小麥同量，所以，英國以在布料上的 150 天勞動，只能在波蘭獲得可在本國以 150 天勞動生產的小麥。而且，英國在其輸入的時候，還得負擔運輸的費用。在此情形之下，交換是無法進行的。

反之，在波蘭以 100 天勞動生產的布料，雖在英國得以 150 天的勞動生產，但在波蘭以 100 天勞動生產的小麥，在英國不能以少於 200 天的勞動生產，則交換的動機，立即啟動。英國以其 150 天勞動生產的布料數量，只能在波蘭購買當地以 100 天勞動生產的小麥；但是，以 100 天勞動生產的數量，在英國，乃相當於需以 200 天勞動生產的數量。所以，英國透過其布料為中介，以較少勞動換得等量小麥。

波蘭也同樣得利。波蘭在假定的情況之下，以其需費 100 天勞動的小麥量（這等於在英國需以 200 天勞動生產的數量），可在英國購買布料中所包含的 200 天勞動的產出。在布料的項目上，英國需 150 天的勞動，將等於波蘭需 100 天的勞動。這樣，如以 100 天的勞動產出，則波蘭可購買 200 天的勞動產出（不是 150 天的勞動產出），波蘭多得 50 天的勞動產出，換言之，多個三分之一。

如寬幅毛布 10 碼，在英國可以購買亞麻布 15 碼，這意味兩者耗費等量勞動，而在德國 10 碼寬幅毛布，則可購買亞麻布 20 碼。

因此，為了進行交換，得有兩個國家與兩種物品。

如果兩國都能生產兩種物品，則使兩國中的一國專事生產

兩物品中的一種而輸入其他的一種，這不是絕對的容易而是相對的容易。

如果一國既可輸入某物品，也可在國內生產該物品，這樣的國家，乃比較在國內生產的費用與由外國輸入的費用，要是後者少於前者，那就輸入。

一國可由外國輸入的費用，並非依據外國生產此物品所需的費用如何，乃是依據該國運出用以交換的物品、其生產所需的費用；與「如果該國不輸入此物品、自行生產此物品時所需的費用」相比較，孰多孰少而決定的。

如果 1 夸特的小麥，在英國是以 50 天的勞動生產，而在波蘭，則需 50 天、60 天、40 天或其他任何天數的勞動，則由波蘭輸入小麥，也許都是英國的利益。英國唯一必須考慮的，乃是英國可以輸入 1 夸特小麥所支付的布料數量，在英國，是否需要少於 50 天的勞動。

因此：如果在波蘭生產小麥與布料，是 1 夸特與 8 碼的比例，而在英國則為 1 夸特 10 碼，那交換就可發生。

實際的結論，如下所述，是便利又正確的。

即：任何物品對其他物品的購買力，如在兩國的一方少於他方，則不論何時，這些物品的互相交換，對兩國皆有利。

很顯然，英國以寬幅毛布購買德製亞麻布是有利的，因為相當於能生產 15 碼亞麻布的 10 碼英製寬幅毛布成本如今可得 20 碼亞麻布。

德國以亞麻布購買英製寬幅毛布也同樣有利。因為，15 碼的亞麻布在英國能買到 10 碼寬幅毛布，如果這在德國生產可得耗廿碼亞麻布的勞動量。

　　如使物品的互相交換成為各國利益的購買力，它的差額要足以抵償運輸及其他開銷而有餘，否則無利可言。

第五節　輸入物品正是藉由外貿獲得利益的原因

　　由前面所述，當可導出普通的（或毋寧為普世的）命題。由以一物品交換另物品所得的利益，在任何情形之下，是由*所收到的*物品而生的，非由所支付的物品而生的。一國在交換時（換句話說，一國在與別國貿易時），其利益全在*輸入*的物品上，即：**一國完全只由輸入而獲得利益**。

　　這似是一自明的命題（幾乎不可能有其他更明白的說明）；但是，因為這與現行和通俗的見解，不甚一致，所以，這要使某些人理解，也許不論以任何說明，都是不容易的。

　　在某人擁有某物品時，他不能由放棄此物品得利。因此，似乎在他放棄此物品，以與其他物品交換之時這一事實之前，隱含著這樣的意義——他因取得物品而得利。如果他評價本身的物品，超過與它互相交換的物品，那麼，他就會保有自身物品。他想獲得另一物品，更甚於其自身的物品，這一事實，就是另一物品對他的價值更大於其自身物品的證據。

　　與此相對應的事實，即就國家來說，也同樣是確實的證據。在一國家以自己部分的物品交換他國的部分物品時，這一國不能由放棄自己的物品而獲任何利益。一切的利益，一定是在這一國所取得的物品上。即使有人說：利益包括取得貨幣，但，根據貨幣學說，立刻可以明白：如果一國擁有較多的貴金屬（多於其本國應有的比例），那麼，它沒有得到利益，毋寧

是得到損失。

輸入一國自身可以生產的物品，例如前所假定的與波蘭的貿易，像我們所看到的，英國由波蘭輸入小麥，乃只限於：「英國以在布料上 150 天數的勞動產出，獲得在英國需要 200 天數勞動的小麥數量」。如果英國在波蘭以布料所能獲得的小麥，只達以同量的勞動在其國內生產的程度，那麼，在這交易上，英國乃無任何利益。英國的利益，並非來自本國輸出的物品，而是完全來自本國輸入的物品。

在一國輸入其本身不能生產的物品時，還可作更簡單的研究。這樣的國家（或說更嚴謹些，這樣國家的人民），雖然擁有某些自身物品，但是，他們願意以這些物品與別國某類物品互相交換。他們寧可要這些其他物品。因此，他們並非由其放棄的物品得利，說來可笑，他們是由其取得的物品而得利。

第六節　用特定物品作為交換媒介的便利性

如果物品是以直接的方法互相交換（或採物物交換），則個人的欲望是不容易獲得滿足的。如果某人可以處置的物品，只有羊，而他需要麵包或外套，那麼，他將碰到下述兩種難題的一種。即，第一：他希望得到的物品的所有者，也許並不願接受羊；第二：也許此羊的價值大過他希望得到的物品的價值，而無法分割。

為欲除去這些困難，如能發現某種物品，既為任何人（他們擁有要處分的財貨）願意接受，而且可以分割（使其分量與他所欲獲得的物品價值相適應），那就好了。此時，有羊卻想

麵包或外套的人，他並不爲了獲得這些而提供他的羊，他先將羊與該物品等價的量互相交換，而後以此購買其所需的麵包與其他物品。

這正是交換媒介（medium of exchange）的概念。這是某一物品，爲實行兩種其他物品間的交換，先接受與一方物品的交換（按：賣），而後得出與另一物品交換（按：買）。

某種金屬，例如黃金與白銀，曾被發現：高度具備交換媒介所必需的所有性質。這些金屬是所有的人（他們擁有要處分的財貨）願意接受交換的物品。這些都可分割，使與購買者所獲得其他物品的任何分量相適應。還因在小的容積之內含有巨大價值，所以非常便於攜帶；它們堅不可摧，而且，其價值變動之少，幾爲其他任何物品所不及。由於這些理由，黃金與白銀已成爲全球各地主要的交換媒介。

貴金屬當與賤金屬相混合，就難於發現，導致被接受的價值易少於其所信的價值。又在每次購買時，都得一一秤量，這種不便也是顯然的。爲了彌補這兩種不便，遂安排了簡便的方法。金屬可令其具備一定的純分，分割成適於各種購買，還可在其表面刻印，以示其重量與純分。這種刻印，顯然只能委託給一爲人民所信任的權威機構。這一工作，一般是由政府擔任；而且完全掌握在自己手裡。將貴金屬作成交換媒介最便利的形態，這工作稱爲鑄幣（coining）；這些貴金屬的分割塊片，則叫做貨幣（money）。

第七節　什麼因素規範貨幣的價值？

所謂貨幣的價值，這在此處可以理解爲：與其他物品交換的比例，或與其他物品的一定量交換的貨幣量。

不論在任何國家，貨幣的總量是決定：其中有多少份額可和該國財貨或物品的一定份額交換；這是不難瞭解的。

如果我們假定：一國所有的財貨是在一方，所有的貨幣是另一方，而這些乃同時交換，那就顯然：財貨的十分之一，或百分之一，或別的比例，可與貨幣總體的十分之一，或任一比例交換；又此十分之一等等，乃與該國貨幣總量的大小成正比，或爲多量，或爲少量。因此，如果這是實際情形，那就顯然，貨幣的價值完全取決於貨幣的總量。

這個狀況和現實的情形，完全是一樣的。一國全部的財貨，對於全部的貨幣，並不同時交換。財貨是一部分一部分交換的，往往是極零星的，而且終年不斷的在不同的時間交換。今天在一種交換上所付的同一貨幣，也許明天又在另一交換上支付。有些貨幣，被用於很多次的交換；有些貨幣，被用於極少次的交換。又，有些會被儲藏，完全不用於交換。在這些不同情形下，可以說有交換的某個平均次數。即如所有的貨幣進行交換的次數，與各別所進行的次數相同。而其平均次數，可以假定爲隨便任何次數；例如：十次。如果一國每個貨幣都進行十次的購買，那麼，這好比全部貨幣增加十倍；而且這與其每一貨幣只進行一次的購買，是完全相同的。各貨幣在價值上，因爲是與其交換的物品相等的，故如各貨幣進行十次不同的交換，始能使所有的財貨都有一次的交換，則該國所有財貨

的價值，等於所有貨幣價值的十倍。

如果貨幣量增加十倍，為了一次交換所有的財貨，並不進行十次的交換，而只進行一次，那麼，整體貨幣總量的任何增加，都按各自所分得的小數量而呈比例的價值減少，這是顯然的。因為我們認定：貨幣是與以其全部一同交換的財貨同量，所以整體貨幣的價值，即使在其數量增加以後，也不多於在其增加以前。如果假定這是增加十分之一，那麼，每個數量的價值，例如一盎司的價值，一定減少十分之一。假使整體數量一百萬盎司，現在增加十分之一，那麼，對於整體價值的喪失，則每一部分都呈比例受其影響；總之，百萬的十分之一對於百萬的關係，乃與一盎司的十分之一對於一盎司的關係，是一樣的。

如果全部貨幣只有上述假定額的十分之一，要交換所有財貨，則得進行十次的購買，當然，這是每次與財貨的十分之一交換。但是，與十分之一交換的十分之一，如有某一比例的增加，那麼，與整體交換的整體也依此比例增加，兩者完全是一樣的（按：此處前十分之一與整體係指財貨，後十分之一與整體係指貨幣）。因此，如果其他情況相同而貨幣的數量不論以任何比例增加或減少，則全部及每部分的價值，乃以其同樣的比例逆向減少或增加。此為普世的真實命題，那是顯然的。貨幣價值的上升或下跌，不論什麼時候（如果與其交換的財貨數量及流通速度不變），這種變化一定因其數量的相應減少或增加，而非由於其他的原因。如果財貨的數量減少而貨幣的數量仍舊一樣，那麼，這恰似貨幣數量的增加；又如財貨的數量增加而貨幣的數量仍舊一樣，這恰似貨幣數量的減少。

任何流通速度（rapidity of circulation）的變動，都會產生類似的變化。所謂流通速度，它的意思是：貨幣爲了所有貨物凡經過一次買賣而必須易手次數。

一年內所交換的全部財貨，就是上述諸命題所考慮的總額。如果在年產出中，有若干不交換的部分，或由生產者所消費或根本不與貨幣交換的部分，這不能計算在內。因爲：未與貨幣交換的產出，恰似貨幣不存在一樣。如果在一年內所交換的產出之中，有任一部分是經過二次、三次或更多次的交換，則也不能計算在內。因爲：它的結果就貨幣而言，這恰似財貨增加到這些倍數且只交換一次情形一樣。

第八節　什麼因素規範貨幣的數量？

數量決定貨幣的價值一經確定，我們離目的尚遠，我們還得研究什麼因素規範數量。

貨幣量初看起來也許會以爲是取決於政府（它擁有造幣的特權，可以鑄造其所欲的數量）的意願。

貨幣是在下述兩種情形之下而被鑄造的。即：或政府聽憑貨幣自由增減；或政府努力控制數量，隨其所欲而增減。

在聽憑貨幣自由增減的情形之下，政府乃向一般人民開放造幣局（mint），依人民要求將金銀塊（bullion）鑄造鑄幣。

擁有金銀塊的個人，顯然，只有在對其有利時（即：在其金銀塊變成鑄幣以後，它的價值更大於金銀塊），始希望以金銀塊變爲鑄幣。

這種情況的發生，只有在鑄幣的價值非常高的時候；此

時，同一重量的金屬，在鑄幣狀態，比在金銀塊的狀態，可與更多的物品交換。

因爲鑄幣的價值取決於鑄幣的數量，所以，鑄幣具有這種價值，只是其數量少。如果鑄幣的價值高，則以金銀塊來鑄造，乃是個人的利益。但是，因爲鑄幣數量的每次增加，乃使鑄幣的價值減少，以致鑄幣中的金屬價值超過金銀塊的價值，減至極少，而使其不能成爲「以金銀塊鑄造貨幣的動機」。因此，不論什麼時候，如果貨幣量少，致使貨幣的價值增加到金屬（用以鑄造貨幣的材料）價值之上，那麼，個人的利益在自由狀態，立即發生增加貨幣量的作用。

貨幣量很多，致使鑄幣的金屬價值減少到不及金銀塊狀態的價值，這也是有可能的。此時，個人的利益立即發生作用，而使貨幣量減少。如果某人擁有某定量的鑄幣；這，假定含有一盎司的金屬；但是這些鑄幣，如其價值少於金銀塊的金屬價值，他就有「變鑄幣爲金銀塊的直接動機」。而且，這種動機，會持續發揮直到貨幣數量的減少，乃使鑄幣狀態的金屬價值，與金銀塊的金屬價值幾乎相同，直到不生融解的動機時止。

因此，貨幣的鑄造，在自由的情況之下，它的數量總是由金屬的價值所規範的。這是因爲：視鑄幣的金屬價值大於或小於金銀塊的金屬價值，而增減其數量，乃屬個人的利益。

但是，如果貨幣的數量是由金屬的價值所決定的，那麼，還必得研究：何者決定金屬的價值？不過，這可視爲已經解決的問題。黃金及白銀實爲物品。這些物品的獲得，都須用勞動與資本。因此，像與其他正常產出的價值一樣，決定這些物品價值的，乃是生產成本。

其次，我們必須研究：由政府企圖「控制貨幣的增減，使其數量吻合自己的心意」所生的各種結果。如果政府努力使貨幣數量少於自由放任的情況下所應有的數量，會使鑄幣的金屬價值上升，這對所有能以自己的金銀塊變成貨幣的人，是有利的。根據假定，政府是不許以金銀塊變成貨幣的。因此，此人一定是靠私鑄。如果政府固守方針，就必須用刑罰加以防止。反之，如果政府的目的，在使貨幣的數量多於自由放任下所應有的數量，則會降低貨幣的金屬價值（至金銀塊的金屬價值以下），乃使鑄幣的融解成為所有人的利益。對此的防止，政府也只有一個方法，那就是刑罰。

但，刑罰的期待勝過利潤的期待，只在其利潤不多的時候。大家知道：在誘惑大的地方，即使政府盡力，私鑄仍在進行。因為融解的過程比鑄造更容易，更可祕密進行，所以，較之鑄造，它可因較少的誘惑而進行。

由此可知，貨幣量在各國自然是由貨幣的金屬價值（換句話說，其在該國的生產成本）所規範；但是，政府如果運用強制的方法，則可使實際的貨幣量減少至相當的程度（雖其程度不大，但在其自然量以下）；也可使實際的貨幣量提高到相當的程度（雖其程度仍小，但在其自然量以上）。

政府如減少鑄幣數量至不及在自由狀態下應有的數量，換句話說，如提高鑄幣的金屬價值至超過其金銀塊的價值，則政府等於收了鑄造費（seignorage）。實際上，鑄造費的徵收，通常是靠發行鑄幣，而其所含的金屬分量，略少於其公稱的含有量（或略少於原定為其等價物的分量）。根據這種原理，政府乃由貨幣鑄造，在鑄幣的金屬價值與金銀塊的價值之間，得

到差額的好處。假定這差額是 5%，則政府以市場價格獲得金銀塊，鑄成貨幣，乃有多出金銀塊 5% 的價值。但是，我們在上節已經說過，鑄幣只有在其數額被限制的情形之下，可以保持這種價值。為能限制在這些數額，必須鑄造費不高過足以抵償偽造（counterfeiting）的風險；簡言之，它不應該遠超過鑄造費。

第九節　使用兩種金屬作為本位貨幣及使用低於金屬價值輔幣的後果

若干國家曾以兩種金屬，即黃金及白銀，為本位貨幣（或為無金額限制的法幣）來使用。

因此，在這兩者間，須定下特定的相對價值。某特定重量的一種金屬，與某特定重量的另一金屬，在價值上，視為相等。

如果這樣為鑄幣所定的比例，是在市場可以精準得到的，且，維持無變化，那麼，實行雙本位，就沒有什麼不方便。某金額的價值，在任何一類的鑄幣上，都常是一樣的。

但是，在市場上，這兩金屬的相對價值是經常變動的。

假使為這些鑄幣所定的價值是 15 對 1；換句話說，假使一枚金幣等於 15 枚同重量的銀幣。此時，在市場上，如果其價值發生變化，為 16 對 1，則其結果如何？

例如：有人有負債，必須支付金幣 100 枚，即等於銀幣 1,500 枚；此時，他發現不以黃金支付負債為有利。他可用自己的 100 枚金幣，在市場上購買可以鑄造 1,600 枚銀幣的白

銀。然後他以 1,500 枚支付他的負債，自己還可保留 100 枚。
這樣，乃使銀幣增加，通貨的數量擴大；因此，通貨的價值減
少。於是，鑄幣的黃金，其價值少於金塊的價值；而其結果，
金幣乃被融解，終於消失。

　　經向一方變動之後，也許發生向另一方的變動。白銀與黃
金比，可能不跌反升。相對的價值也許為 14 對 1。此時，對
所有要支付的人與其用銀，不如用金，乃為有利，如此一來消
失的，將是銀幣。

　　因此，雙本位制帶來了兩種不便。即第一：通貨的價值不
能儘量安定，而受限於特殊變動的原因。而且，第二：每在金
屬的相對價值發生變化之時，國家要付出新鑄造的費用。

　　即使有鑄造費的存在，情形也完全一樣。假使徵收鑄造
費 10%，如果 100 枚金幣，其比例由 15 對 1 變化為 16 對 1，
這在造幣局，將以金幣購買可與 1,600 枚銀幣交換的白銀；這
將同樣是確實的。在兩金屬的市場價值與造幣局的價值相同
時，一枚金幣，不僅是包含 15 枚銀幣的白銀，還多個十分之
一的餘額；但是，在所假定的變化之後，可是按 16 對 1 的比
例（按：原文為 16 對 15 的比例），即可購買此 16 枚所包含
者多出十分之一。

　　銀幣的使用為了小額支付，或為了所謂找零（change）
（和價值較大的鑄幣找），如果只屬小金額的法幣，就毋須承
受對雙本位制度的批評。

　　固然，曾有斷言，如果銀幣的發行，其價值高過其中所含
的金屬價值，那麼，這些銀幣將引起金幣的輸出。但是，這很
明顯是錯誤的。

假使在我國，我們的銀幣高出金屬的價值 10%，但法幣求償（legal tender）只限 40 先令。因此斷言，各人乃以黃金運至巴黎購買白銀為有利。

在巴黎與英國，黃金對於白銀的相對價值，當然幾乎是一樣的。假定這是 15 對 1。因此，1 盎司的黃金，在巴黎可買 15 盎司的白銀。但是，這在英國也是一樣。那麼，向法國購買白銀，這到底有何好處？

諸位是想鑄造鑄幣，這因鑄幣的價值多 10%。

但，這 10% 是要從諸位手中徵收走的，所以，對於諸位，鑄幣已失去高價值的利益。

諸位的銀幣，加上 10%，乃始成為完全重量的鑄幣。

假定白銀的價格，低至造幣局的比例以下，那麼，如能以白銀支付，這是諸位的利益。但是，諸位的支付乃以 40 先令為限。因此，誰都從市場得不到多少好處。

還有政府有權隨意拒絕銀幣的鑄造。因此，政府可以維持白銀於高價值。

輔幣（subsidiary coins），只要其數額的增加不使通貨的價值下跌，那就不能驅逐本位鑄幣到國外。本位鑄幣，除非比金銀塊尤能廉價購得，否則就不會比金銀塊優先輸出。

第十節　貨幣替代品

在這門科學的概要上，唯一具有重要性而需要說明的貨幣替代品，乃是那種稱之為紙幣（paper money）的債務證書，這可用以支付一定數額的貨幣。

　　使用這種債務證書作為貨幣替代品，似起源於猶太人在封建及野蠻時代所發明的匯票（bills of exchange）。

　　像英國及荷蘭，兩國在貿易時；如：在英國輸入荷蘭的財貨而荷蘭輸入英國財貨的時候，立刻發生對於這些財貨，應當如何支付？如果英國對於取自荷蘭的財貨，不得已而運出黃金與白銀，則其費用是相當大的。如果荷蘭不得已須向英國輸送黃金與白銀，則其費用也是相當大的。但是，這是極其明白的；如有兩人，其中一人對其他一人負有 100 鎊的債務，而同時後者也對前者負有 100 鎊債務，那麼，他們就可交換彼此的債務；前者既可省去對後者支付 100 鎊的手續，後者也可省去對前者支付 100 鎊的手續。這情形，在英國與荷蘭之間，也是如此。如果英國必須對荷蘭支付百萬鎊的貨幣，同時，又可由荷蘭取得同額的貨幣，那麼，英國不向荷蘭運出貨幣，而對在荷蘭的英國債權人，付予應在荷蘭而對英國支付的貨幣，這可節省費用與手續。而且，對英國負有債務而必須負擔費用以貨幣運出的荷蘭商人們，依照這樣的指示，即以他們對英國商人的債務在荷蘭支付，乃可免去這種費用，而大為歡喜，所謂匯票就是這樣的證書。英國的商人，對於欠他某金額貨幣的荷蘭商人，寫上「請對某某支付若干金額」；而此即名為：對某某開出票據。荷蘭的商人們，對於他們在英國定可收取貨幣的人（他們必須支付貨幣的人），也採同樣的手法。兩國互欠的貨幣，在相等的時候，可以互相抵銷，各國全不負擔運送現金的費用，就支付所收財貨的代價。即使兩國中的一國，其所負的債務超過其可收取時，該國也只須清償差額，而得免其他一切的費用。

因此，由匯票的發明及使用所生的利益，是極顯著的。匯票的使用，在其發明的當時，由於一種更迫切的需要，曾受歡迎。因為；當時的粗略政策，曾經禁止貴金屬的輸出；對任何違犯此野蠻法律的，都受極嚴的處罰。

匯票不僅用以清償國與國間的債務；這在取得匯票的國家，極常用為貨幣替代品。在發出特定時間後付款的票據時，取得這種票據的商人，或必須支付負債，或必須購買貨物，而無貨幣的準備，就以此票據代替貨幣支付。這些票據，在最後得到其付款人的清償以前，常經過多手，用作許多交易上的支付手段。惟其如此，所以，這乃完成了紙幣的正當機能，而開此後用作貨幣重要替代品的先河。

一經發現：有信用的商人其債務證書（應該支付某金額的貨幣），保證能隨時支付，故被認為：與貨幣本身具有同等的價值；且在交換上被接受像取得貨幣本身一樣，毫無困難，就充分存在擴張替代品使用的動機。慣於行使銀行業者職能的人（其職能或為保管個人的貨幣，或為兌換各國的鑄幣），乃是最初發行約定票據（約定支付某金額的貨幣），其作為買賣上貨幣替代品的人。這種貨幣替代品的使用，一經開始，只要自由與公眾對於約定票據的信任，別無他求則此紙片，乃取代金屬的使用，幾乎可以獨占的發揮交換媒介的作用。

什麼是從使用此替代品所生的利益？又，什麼是可能由此而發生的不便？這還有待下面探討。

第十一節 由紙幣的使用所生的效益

為完成交換媒介的機能所必需的貴金屬，得以一國的物品來購買。輸出製造品與土地的產出，它的代價是輸入可用為交換媒介的黃金及白銀，以替代可以使用的其他物品。只有黃金與白銀，在實行交換媒介的業務時，其總額的價值，對於該國的全部年產出（annual produce），常是保持相當的比例——在交換技術幾不進步的國家，則常保持大的比例。如果各貨幣，對一年內只交換一次的財貨進行百次的購買，則貨幣必需的價值，等於這種財貨全體的百分之一。這些財貨，雖與年產出並不剛好相一致，但幾乎相一致；因此，我們毋須躊躇：以年產出的名稱，加以敘述。在貨幣易手傳遞不快的國家，這也許等於年產出全體的十分之一。

顯然的，國民財產中，其為交換媒介的部分，對於生產是全無作用的。生產的直接工具，即工人的食物、他用以勞動的工具或機械以及他所加工的原物料以外的物品，都沒產出。因此，這些成為交換媒介的全部國民財產（等於年產出的十分之一或百分之一），如能減少這種用途，而變為食物、工具及生產的材料，那麼，一國的生產力就將相應增加。

如果考慮到：年產出非僅等於一國全部的純收入，因此，又如除了固定於耐久的機械部分，也等於資本的全體，那麼，就可容易理解：因以貴金屬替代品作為交換媒介，而生產手段將有如何巨大的增加。

紙幣，作為交換媒介，更是便利。巨大的金額，出之以黃金或白銀的形態，乃是累贅的物品。在實行相當價值的交換

時，黃金與白銀的計算，也是麻煩的工作。如果是用銀行鈔
券，則最大的金額也像最小的金額一樣，可以迅速支付。

第十二節　使用紙幣時常有的不便

紙幣可能有的不便，似都包含於三項目。

第一：發鈔當事人不能履行債務。

第二：變造（forgery）。

第三：通貨（currency）價值的變動。

一、發鈔當事人不能履行債務，雖爲一弊害，但是，對於
這種弊害，在優良的制度之下，自然會有最強勢的保證發生。

如果允許自由競爭，又如可以參加銀行的同業數無何限
制，則銀行業務及發鈔業務，自然立於穩固的基礎上，而會使
紙製通貨非常安全。

銀行數當然會增加；任何銀行都不能使其自己的通貨充斥
超過一定範圍（按：即都限於一定地域以內）。

在同業多的地方，出自各同業的危險性，很少發生；又，
利潤也極有保障時；擁有優良通貨的重要性，可以切實感覺
到；因此，對於當地或其他地區的主要貴族與紳士，乃有充分
的動機想當地方銀行的股東，以增強公眾的保障。

不具信用的銀行，要與這類已具聲譽者競爭，即使努力讓
自己的銀行券流通，也是徒然的。利益的意識，乃使對類似情
況的注意力充分警覺；而且，在教育與知識相當進步；又有出
版自由的地方，毋須智慧就能導引最無知者獲得恰當的結論。
人們在能獲得他所相信那方的鈔券之時，孰信會拒絕他所懷疑

那方的鈔券。

銀行數多的架構可以得到這些銀行各在自由與競爭的保證之下，對限定的地區供給通貨另一大的利益。假使其中一家銀行倒了，它的弊害也是有限的，它只對社會的一小部分造成不便而已。

又，在銀行多的地方，對於銀行，還有互為其他銀行所取代的利益；銀行都在虎視眈眈等待競爭對手出現某些疏失的徵候進而勇於揭發；而且，各銀行深知受嚴厲監視，都小心避免任何有損其信用的錯誤。

銀行業大體是建基在這種可欲的基礎上；早在英格蘭銀行停止兌現前，在紙幣自然的充滿了流通管道的蘇格蘭，雖然是有由停兌所生貨幣價值的各種變動，以及由這些變動引起的各種信用異狀，但是，多數的發鈔銀行，幾乎未曾有不能兌現的狀況。

即使沒有立法機關的干涉，而由當事人的利益與智慧已能給予這樣的保證。在由立法機關所給的保證中，以下兩者是最具代表性。

立法機關可強制各銀行向政府的某機構，提出兩種月報，即：一是關於其鈔券的數量，另一是關於為應付要求兌現的準備；同時，在看似缺乏適當保證的地方，也許賦予適當的權限，使能採取為保護大眾所必須的處置。

在良好的環境之下，鈔券的發行，大有利潤；因此，如不帶來極大的弊害，可望對公眾有利。在以鈔券放貸由利息所生的利潤，與由以需要許多費用的交換媒介轉變為生產工具所生的另一種利益，顯然是完全不同的。

　　發鈔是適於政府經營的少數事業之一。屬可限縮至極其呆板，而且只在少數清楚且確定的規則範圍內運作的事業。當公眾本身是自己的銀行業者，對其自己的支付，沒有不能支付的，所以，發券當事人不能履行其債務的弊害，是不能發生的。此時，國民既為債務履行而提供基金，也領受這種基金。政治經濟體並不考量：國民提供基金被誤用的狀況。不同國家的國民所經歷的「國家破產以及政府紙幣的不兌現」，都是多數人的利益為少數人所掠奪。國民作為一整體領受支付而國民作為一整體又為此支付提供基金，說他們因為不能支付而受損害是不合理的。

　　既然如此，因不能履行紙幣發行約定的義務所生的弊害，這種機會，是大可減少的，所以，對利益巨大而且無庸置疑的措施，不會造成任何有力的反對論。不過，有人說：由紙幣所生的利益，在平穩而有秩序的時代，即使超過其弊害的機會，然在內亂乃至外敵入侵的時代，情形就大不相同。

　　內亂與外敵的入侵，這種語詞，乃引起有關危險的模糊觀念；而有關危險的模糊觀念，很容易發生理解不當的影響。

　　第一：就文明世界目前進步狀況來說，在有優良政府與相當人口的國家產生內亂與外敵入侵的機會，幾乎是沒有的；故在構思使國民獲得更大福祉的手段之時，對此毋須考慮。在內亂與外敵入侵以外的任何時候都屬不利的行徑，只因其在內亂與外敵入侵的時候方始有效，故予以採用；這種態度的荒謬性有如：在醫學上，使所有的人繼續適於惡性疾病的那些攝生方法（regimen）。由紙幣的使用所生的利益，如果在內亂及外敵入侵以外的任何時候都可享受而不致有任何顯著的貶值，則

紙幣的效用已被充分證明。

　　爲免於有關危險的模糊觀念常帶來的妄想起見，在這些罕見和非常時期，對什麼是由紙幣所生的確切弊害，加以探討是恰當的。

　　內亂或外敵的入侵，在由黃金與白銀構成流通手段時，帶來大混亂。在這期間，發生窖藏的普遍傾向。因此，交換媒介的很大部分，退出流通，立即感到貨幣不足的弊害。物價下跌，貨幣價值上升；出售財貨的人，與支付債務的人，受到損失；災害擴散。

　　對於這種窖藏的弊害，社會乃因紙幣的普及而大大受到保證。又有許多理由讓我們可作如此結論；由信用減少所生的弊害，幾乎不足以畏懼。

　　如果紙幣是由國民可以信任的政府所發行，則因外敵的入侵會凝聚國民對政府的熱愛，所以不會損害政府紙幣的信用。

　　在被侵入者占領的部分國土，破壞紙幣的信用，並非入侵者的利益。這是因爲有害當地的生產力，這對他們不利。即使紙幣的流通，在被敵人占領的地區受阻，但敵人一被驅逐，紙幣就可恢復其價值，故在最後，誰都不受損失。

　　流通手段即使是由經營得法的民間銀行組織所供給，它的結果將無大異。保持流通手段的信用，乃是所有當事人的利益。在敵人占領的地區，保持流通手段的信用，則爲敵人的利益。敵人，充其量，只能禁止流通一段時間，這是因爲：敵人被驅逐之後，鈔券或由發行鈔券的責任當事人，或經政府允許如果他們因爲敵人的作爲而致財產損失以賠償金償還。

　　即使是在內亂，基礎堅實的紙幣不太可能出現信用不佳的

情況。當然，一國在敵對的黨派之間，或多或少，幾乎是平均分裂的。不論這通貨是由政府本身所發行的，或是由民間銀行業者所發行的，危害紙幣的信用，在政府支配的那分國土，顯然不是政府的利益。同樣的，對反對方而言，在這分由其統治的國土，自會採用一切打敗對方的手段；如果進行某種擾亂正常交易的事情，也不見得有利。如果流通手段是由這分地區的民間銀行業者的鈔券所構成的，則保護此鈔券，對反對方乃是雙重的利益。即使這是政府紙幣，加以保護，也是它的利益。因爲：除了其自己的人民（紙幣的持有者）以外，它會危害什麼人？因流通手段的不足所能危害的，只有完全依靠該手段與感情支持的人民業務，還有什麼？透過保護政府紙幣而使此紙幣實際成爲自己的。

　　經驗對於這些結論是有利的。因爲：敵軍的出現，又即使是國內的動蕩，幾不曾擾亂紙幣；反而其價值依舊完全安定。

　　二、鈔券怕有變造，這是與僞造相同的弊害。這在不健全的銀行制度（例如英格蘭銀行，由擁獨占權的大公司所成立的銀行制度）之下，乃是非常嚴重的弊害，但在我們前所觀察的銀行制度之下，則危害不大。在一大銀行供給一國大部分流通手段的地方，巨額的變造鈔券，乃有動念和流通的機會；招致高風險與高代價。但是，如果各銀行的供給，限於小地區，那麼，這種銀行的變造鈔券可以進入流通的，爲數並不多。服膺有效競爭原理的銀行，怕因拒絕變造鈔券的兌現，致喪失其本身鈔券的信用，人民羞於持有這些鈔券。因此，他們毋寧選擇默默兌現這些變造鈔券並儘量找出變造的主謀者，但限制其數額。這樣，民眾可以免去這些損失；又如銀行樂於負擔損失，

則只因銀行找到了補償。

三、因紙幣的使用所生三種不便的，最後一種乃是通貨價值的變動。

這種變動經常是政府的行為，而不是紙幣所特有的。

我們已經知道：金屬通貨的價值，這是取決於其所含金屬的價值。因此，隨意可與鑄幣或金銀塊交換的紙幣，它的價值，也取決於其交換而獲得的金屬價值。這理由是顯而易見的。如果紙幣在任何時候，其價值跌在金屬價值以下，則持有鈔券（價值較少的物品）的人，無不願意以此換取金屬（價值較大的物品）。如果像在英國，約定對 3 鎊 17 先令 10½ 便士的紙幣支付 1 盎司的黃金，則在紙幣 3 鎊 17 先令 10½ 便士、其價值少於 1 盎司黃金的時候（即在黃金的價格高過造幣局價格的時候），則兌換成黃金，將是鈔券持有人的利益。

但是，在此情形之下，對於鈔券的發行者，由減少其數量以提高其價值，乃是利益。如果他們想努力維持高發行量，那麼，他們就得不斷的發行並不斷的回收。這是因為：凡是取得他們一些鈔券的人，都將以此兌換黃金，使鈔券再回到發行者以取利。每次兌換，發行者都會受損。他們是按 3 鎊 17 先令 10½ 便士的價值發行鈔券。即：他們在發行鈔券的時候，得到 3 鎊 17 先令 10½ 便士的價值。但是，他們在回收鈔券的時候，對於其自己 3 鎊 17 先令 10½ 便士的鈔券，非付 1 盎司的黃金不可；而此時一盎司的黃金如果已漲到 4 鎊，就要損失這中間的差價。

如果通貨不以鑄幣而以紙幣供給，則紙幣發行者就可減少其數量，藉以提高其價值，而降低黃金的價格。假使以此方法

使其降低至 1 盎司 3 鎊，那麼，他們也許以此價格的黃金充實他們的金庫；又在如此之後，他們也許增加其發行額，使其價格上升，以至按 3 鎊 17 先令 10½ 便士要求他們的黃金而成爲其鈔券持有人的利益。他們這樣交易的黃金，每 1 盎司，可得 17 先令 10½ 便士的利潤；而且，他們也許繼續反覆這種操作。但是，一項簡單的處置，對此風險，產生有效的防範。以一定價格出售黃金的義務，對於紙幣發行者，使其發鈔不要增加而致黃金上升至此一定價格以上，這是他們的利益；同樣的，他們應以一定價格購買黃金的義務，不使其發鈔額減少而致黃金低落至此一定價格以下，這是他們的利益。紙幣的價值，如此一來可以極堅實的使與金屬本位的價值相一致。

在金屬通貨，政府只能藉減少鑄幣所含貴金屬的分量而使其價值降低。除此以外，如果政府減低鑄幣的價值（至足以促成融解鑄幣的動機），那麼，這些鑄幣，幾乎發行的同時就將「消聲匿跡」。就紙幣而言，政府只須於其數量增加以致其價值有所減少之時，撤回隨時兌付金屬的義務，即已足夠。

紙幣，對此並無兌現的義務，可有兩種方法發行。即：或政府是發行者，以其紙幣爲法幣而不賦予兌換金屬的義務；或像英國銀行一樣，紙幣由一大公司管制；而政府中止對其鈔券的兌現義務。

任一國家通貨數量的增加與其所帶來通貨價值的減少，結果有二；即：第一是物價的上升，第二是對保有收受定額具未曾減少的舊價值的貨幣的所有權利者；則爲損失。

價格（price）一詞，我常理解爲：在交換時所給的貨幣數量。貨幣價值的變動，不會改變其他任何貨物間的相對價

值,這是顯然的。所有的貨物,例如麵包、布、鞋等,如與貨幣比較,雖然價值上升;但是,任何一種這些貨物,如與其他貨物相比,則價值並未上升。

這種價格的差額,在實質上,對於任何人,都是無所謂的。有財貨出售的人,在以此財貨出售之時,的確是獲得更多的貨幣。但是,以此貨幣,他恰可購買(與他以前的價格所能購買的)同量物品。購買財貨的人,對於這些財貨,雖須支付更多的貨幣;但是,他必須出售的物品,恰可獲得同樣多的貨幣;所以,他可這樣做。

說到貨幣價值看跌的第二結果;在各文明國家,任何時候,都存在許多要付某定額貨幣給個人的義務,或是一次付清(例如負債),或連續支付某定額的貨幣(例如年金)。這是極明白的,與某人訂約領取 100 鎊的人,由於通貨價值的降低,如果只取得 100 鎊,就受損失。同樣顯而易見的,必須支付這筆款項的一方,受益金額相同。當變化來自價值增加之時,則事況相反。此時,必須付款者,受到損失;受款者得到好處。就人類的感情與幸福來說,這些損失是重大的弊害;就正義而言,這可是保護人類幸福的準則之一,確屬重大的侵犯。但是,這既非財產的破壞,故亦非財產的損失。

休謨(Hume)曾經推論:若干其他因貨幣量增加而產生的結果。在貨幣開始增加的時候,或多或少的個人都以更大的金額進入市場。其結果是,他們提供更好的價格;於是,價格的上升鼓舞了生產者,促使生產者更加活潑而勤勉,結果是生產增加。

這種學說隱含:關於生產,缺少清晰的概念。生產的動

因，乃是物品本身，而非這些物品的價格。這指的是工人的糧
食、他工作用的工具與機械以及他施工的原物料。這些物品，
不因貨幣的增加而增加。那麼如何可使生產增加呢？這足以體
現休謨結論的錯誤，也可解開其議論的誤謬。

最初以增量貨幣進入市場的人，或使其購買物品的價格上
升，或不使其上升。

若不使其上升，他不會給予生產較前為強的鼓舞。因此，
他必須假定：使價格上升。但是，使價格上升的同時，也使貨
幣的價值等比例下跌。所以，他不會給生產較前為強的鼓舞。

固執的反對者也許會說：最初拿增量貨幣到市場的人，乃
立即使他購買的物品價格上升。因此，這些物品的生產者受到
激勵而更加勤勉。因為：其他的物品價格，即所有他們偶爾必
須購買的物品價格尚未上升。但是，他不能這樣說。最早為了
購買這些生產者的物品而帶增量貨幣去市場的人，乃使這些物
品的價格上升；這到底是什麼緣故呢？因為他是帶了增量貨幣
去的。他們也有為了購買別種物品而去市場的，而且是帶了增
量貨幣去的。因此，他們也使這些物品的價格上升。而且，這
樣一再持續進行。所有與增量貨幣尚未遭遇的物品價格，依然
是不變的，但在增量貨幣與這些物品遭遇的瞬間，價格就等比
上升。

在任何國家，其全部交易，實際可以視為：被分割成許
多小市場。這些市場，有的在甲地，有的在乙地；又，有的是
甲種物品的市場，有的是乙種物品的市場。當然，貨幣乃相
應被分配於這些市場。在通常的情形下，這些市場，都是一方
有某定量的物品前來，另方有某定量的貨幣前來，前者乃與後

者交換。凡是貨幣量無何增加，而財貨量有所增加，價格總是下跌。而且，這種下跌，一定是與財貨的增加成比例。如果這一情形，還未爲所有的人們明白理解，那麼，這可由簡單的引證加以說明。假定市場是非常狹隘的：在這市場，一方只有麵包，另方則有貨幣。假使市場在一般情況下，一方是有 100 條麵包，另方是有 100 先令；因此，麵包的價格是每條 1 先令。但是，假定在這種情形下，麵包的數量增加爲 200 條，同時貨幣則仍然如舊，那麼，麵包的價格，顯然要下跌二分之一，即每條麵包六便士。如謂一部分的麵包賣不出而就此拿回去，這種論點是不成立的。如果麵包賣不出而拿回去，這就等於未曾帶到市場。關於貨物數量增加的這些結論，誰都不能反駁的。同樣的結論，套用到另類物品（即貨幣）的數量增加上，也是對的；這豈不是顯然的嗎？

　　因此，貨幣價值的變動，不論是上升或是下降，其結果總是有害的。但是，因爲這是政府的行爲，所以，對於政府不法行爲的唯一保障，乃是政府依賴國民（此外，對此沒有任何保障）。所謂以金屬支付紙幣的義務，在那些由民間銀行家隨意發行的地方，乃是必要的保障。如果這些是由政府（對國民嚴格負責的）所發行，就不是非不可少的。這是因爲：此時，維持黃金於造幣局價格（換句話說，維持通貨與被鑄金屬等值）的效用，是極易瞭解的；所以，讓其變動，這對被授以政府權力的人，是不利的。

　　在討論選用貴金屬作爲交換工具的特性時，我們已經知道：貴金屬的價值，幾乎比其他任何物品，都少變動。但是，貴金屬也不免有變化——部分是短暫的、部分是永久的。永久

變化的發生，主要來自取得這些貴金屬的成本變化。歷史紀錄上這種最大的變化發生在發現美洲礦山的時候；同量的勞動由這些礦山獲得更大量的金屬。短暫變化之發生，乃與其他物品價值的短暫變化一樣，是由於供需失調攪亂。或為了駐在外國的軍隊支付，或為了補助外國政府與其他軍事行動的支付，有時得購買大量的金銀，運往國外使其價格上升。至輸入金銀才恢復。而可能獲得的利潤，立即成為恢復均衡的動機。但是，在這期間，不能直接兌換金屬的紙幣，可產生一種利益。如果是可以兌換，黃金就被兌去，紙幣乃告減少，通貨的價值上升。如果不能兌換紙幣，通貨可能維持和過去一樣，或幾乎一樣的價值。當然，如非全部都是紙幣，且由政府掌握其供給，否則這樣的事很難實現，要有安全的補救措施。在這時候，眾所周知，通貨的數量紋風不動，乃是充分的指標；也是保障。如果黃金的價格，突然上升至造幣價格以上（通貨的數量無任何變動），換句話說，上升至鈔券的時值以上，那麼，同樣的通貨量，只是充分的指標，表示：它的上升是因黃金突然被吸收，不久就可恢復。如果在這種情形之下，短時中止「使紙幣的價值與黃金的價值一致」的義務，則防止通貨價值顯著變動的充分保障，在於維持通貨量不變的義務。這是因為：在短期內，靠此進行的交易量，不論增減如何，都不可能引起通貨任何實質的變化。掌握在無責任的政府手裡，這種中止支付的權力，確實是危險的。但是，無責任的政府，常涉及各種風險；這只是其中之一而已。

第十三節　貴金屬的價值，決定各國對其輸出或輸入

金屬貨幣（或更普遍的說，是貴金屬），如果嚴謹且就其本質來想，不論是在個人或國家，都只是最普遍買賣的物品而已。

如照普通的說法，立刻可以承認：物品只有在輸出國價格更低於輸入國的時候始可輸出；又，物品只有在輸入國價格更高於輸出國的時候始可輸入。

依照這一命題，如在某國（例如英國），黃金的價格較低，這就將由英國輸出。又在英國，如果黃金的價格較高於其他各國，那麼，這就將向英國輸入。但，藉著這話意指在黃金廉價的國家，其他物品則價高。在為購買物品而必需大量黃金的時候，則黃金價廉；同理，又如物品，在購買時必需大量黃金，則物品價貴。因此，黃金的價值在英國低廉的時候，根據「凡可自由追求市場的物品，是由廉價的地方移向高價的地方」這一原理，黃金乃由英國輸出。但是，在所謂「黃金廉價」這一事實即隱含「同時其他各種物品高價」這一相關且不可分的事實，當然歸結出，在黃金輸出的時候，其他物品的輸出就比較困難；如果黃金的價值，低到足以使所有物品的價格都比別國高，則物品就完全不能輸出；又如黃金的價值只是低到使若干物品的價格比別國高，則只有少數的物品可以輸出。

因此，顯然，一國只有在貴金屬價值高的時候，始可輸出貴金屬以外的物品。同樣，顯然，一國只有貴金屬價值低的時候，始可輸入貴金屬以外的物品。所以，貴金屬數量的增加，將減弱貴金屬的價值，進而逐漸減弱甚至幾近摧毀，其他物品

的輸出力，貴金屬數量的減少，將增加貴金屬的價值，經由同樣的過程，提升「輸出其他物品」的動機；當然，在自由的狀態下，也將使輸出量增加。

第十四節　決定貴金屬或交換媒介輸出的價值，在所有的國家都是不一樣的

我們所謂貴金屬的價值，意指可交換到其他物品的數量。

但是，如所周知，貨幣不僅在一國，其價值大於別國；即使在同一國內，其價值也是在某處大於別處；即可購買更多的物品。

例如在威爾斯（Wales）比較偏僻的某些地方，貨幣的價值大於倫敦。如照一般的說法，是生活費低。換句話說，物品是可用較少量的貨幣來購買。但貨幣沒有由其價值低的倫敦流向價值高的威爾斯以增加其數量的傾向，可是司空見慣。這種現象，需要解釋。

事實是：這種已屬常態的差異竟不發生金屬輸送的傾向，答案就在運送費用上。在威爾斯生產的小麥、獸肉及其他物品，比在倫敦還更價廉。這是因爲：倫敦的供給，來自遠地，原價之外，還得加上運費。但，像在威爾斯，有若干物品，比在倫敦價廉一樣，也有其他物品，在倫敦比在威爾斯較爲價廉。所有在倫敦製造的，或由外國輸向倫敦的物品，都是如此。由威爾斯運至倫敦的小麥及其他物品，都得加上運費；同樣的，由倫敦運至威爾斯的這些物品，它的價格在威爾斯比在

倫敦爲高也因運輸這些物品所需的全部費用。因此，實際上：
在威爾斯，有些物品比在倫敦價廉，又有些物品則價高；但
是，這些價廉的物品，乃是主要而且重要的物品。即這些乃是
生活必需品；這些物品的消費，幾乎形成所有人們支出的主要
部分。而且，這些物品，它的貨幣價值決定了勞動的貨幣價值
的；因此，個人自奉所用的一切，比在倫敦較廉。最後，威爾
斯生產的粗雜物品，比取自倫敦的上等物品，如按其價值的比
例，其運輸費用要來得高。即：粗雜物品在倫敦的價格，高過
這些物品在威爾斯的價格，比精製物品在威爾斯的價格高過這
些物品在倫敦的價格尤大。因此，只是由於人們在倫敦多付運
費，在倫敦的生活費大於威爾斯。在威爾斯，如金屬的價值，
略爲上升超過此種限度相等於這種上升所帶來的利潤，立即成
爲向威爾斯運送金屬的動機。

　　藉由在同一國內的兩個地方，轉而考察不同的兩個國
家。英國的生活費用高於波蘭。換句話說，貴金屬的價值低於
波蘭。這項差異，也可完全由運輸費用來解說。假定：英國的
穀物供給，有相當部分來自波蘭；同時則以該國全部或大部分
的上等製造品輸向波蘭。此時，顯然，穀物在英國價高，上等
製造品在波蘭價高。如上所述，貨幣在威爾斯，其購買力大於
在倫敦；同理，顯然，即在此時，貨幣在波蘭，其購買力大於
在英國。換句話說，黃金在波蘭的價值，大於在英國（恰足抵
償英國所要負擔的運費）。黃金的價值，一旦大於這一程度，
則以黃金運出英國，就可獲得利潤。

第十五節　貴金屬或交換媒介分配於全球各國的方式

在有礦山的國家（由該國向世界的其他各國分配黃金），黃金比較豐富。因除已有的數量之外，還不斷的追加，故在這樣的國家，黃金的相對價值乃經常有低落的傾向。換句話說，其他物品的價格，乃經常有上升的傾向。某種物品，一經上升到可輸入的程度，則都從最廉價的（包括原價與運費）任何國家輸入這種物品，而輸出黃金與之交換。

此第二國家，由於黃金的輸入，以致黃金乃相對充盈；物價上升。某一物品，或若干物品，其價終於上升到可從別國輸入仍有利潤的程度。即如前例，物品進來，黃金出去。這種過程，毋須再行類推。這樣，黃金乃經過商業世界的完整聯結網，由一國移向別國。

在前節，我們知道：兩種物品，在其相對生產成本兩國有所不同時，互相交換，有利兩國。如果，例如：4夸特的小麥與20碼的布料，在英國需等量的勞動，而在波蘭則不需等量的勞動，那麼，一方生產小麥，另方生產布料，互相交換；這將對兩國有利。

假定：4夸特的小麥與20碼的布料，在英國需等量的勞動，但在波蘭，則20碼的布料需要4夸特小麥的兩倍勞動。在此情形之下，布料與小麥比，波蘭比英國恰貴兩倍。換句話說：在英國，與20碼布料同價值的4夸特小麥，在波蘭則僅等於10碼。因此，如果波蘭將小麥運往英國，則在波蘭生產4夸特小麥或10碼布料的勞動量，可在英國買到20碼布料。同理，如果英國將布料運往波蘭，則在英國生產20碼布料或

充其量只能生產 4 夸特小麥的勞動等量，現可獲得雙倍的，也就是 8 夸特的小麥。英國與波蘭之間，這些物品的交易，所產生的利益純是物物交換得來，並無貨幣的干預。

像上述假定一樣，如果：波蘭自己生產小麥與布料，而在當地，4 夸特的小麥是與 10 碼的布料同價，那麼，當然，波蘭如果使用貨幣，則 4 夸特小麥的價格與 10 碼布料的價格是一樣的。根據這一假定，在英國，4 夸特小麥的價格與 20 碼布料的價格是一樣的。

有兩種情形可以想像。兩種物品中的一種，例如：小麥的價格，或 (1) 在兩國一樣，或 (2) 並不一樣。只要說明這兩種情形的任何一種，就等於充分說明了兩者。

假定在兩國小麥的價格是相等的。那麼，在波蘭，一碼布料的價格必為在英國的兩倍。在如此情形之下，將發生怎樣的事情，那是顯而易見的——即在英國，廉價的布料，將輸往波蘭，以高價出售，換取黃金。這是因為：根據假定，小麥在英國和波蘭是同樣便宜，反向輸入小麥，已不可能。

這樣，英國布料輸向波蘭，所以黃金乃由波蘭輸出至英國。結果，黃金在英國乃更充盈；在波蘭則告減少。由此第一結果，接著引起第二結果。即：物價在英國逐漸上升，在波蘭則告下跌。例如：小麥的價格，與此同時還有布料的價格，乃在英國上升，而在波蘭下跌。如在交易開始之時，假定各國的小麥價格，1 夸特為 1 鎊，布料的價格，在波蘭當為每碼 8 先令，在英國為每碼 4 先令，因此，前所假定：布料之與黃金的交換，逐漸使小麥的價格在英國上升至 1 夸特 1 鎊以上，在波蘭下跌至 1 鎊以下；又使布料的價格，在英國上升至 1 碼 4 先

令以上，在波蘭下跌至 1 碼 8 先令以下。這樣，兩國小麥的價格，逐漸遠離於平等，布料的價格則逐漸接近於平等。在這種進程的某一點，小麥乃在英國漲價（其價差足以抵償運輸費用），而在波蘭跌價。在此瞬間，發生向英國輸入小麥的動機，物價會作如次的調節；即小麥在英國比在波蘭價高（相當於由波蘭向英國運輸小麥的費用）；而布料則在波蘭比在英國貴（相當於由英國向波蘭運輸布料的費用）。在這一點上，輸入波蘭的布料價值，與輸入英國的小麥價值，互相平衡。這樣，匯價拉平，黃金停止移動。

藉由對同樣情況的考察更可知道：如果兩國間的物品交換發生變化，則一定發生貴金屬的重新分配，即兩國過去所持的貴金屬相對量發生變化。

假定：在英國生產某種新的物品，波蘭則欲獲得這種物品。若干量的這種物品，被輸入波蘭，而這只能用黃金支付。因為：根據我們的假定，此時，兩方輸入的小麥與布料，已經相抵。如上所述，此時，物品的價格，在英國立即開始上升，在波蘭則開始下跌。當物價在英國上升，在波蘭下跌；就會產生一種動機，波蘭財貨多向英國輸入，英國財貨少向波蘭輸入。最終，均衡又告恢復。

第十六節　國際間的貨幣交易──匯票

國家不同，貨幣亦異。即：貨幣乃由不同分量的貴金屬組成，而以不同的名稱流通。例如：鎊（pound sterling）是英國的貨幣，元（dollar）是若干其他國家的貨幣。鎊含有某定

量的貴金屬，元含有較少量的貴金屬，等等。

　　一國在別國的購買，與其他的購買一樣，乃靠貨幣進行。例如：如果荷蘭商人在英國購買財貨，則他是用多少鎊購買。如果英國商人在荷蘭購買財貨，則他是用多少荷蘭盾（guilder）購買。爲了支付鎊，荷蘭商人必須運出英國貨幣或其等價物。直接的等價物，乃是與所應支付若干鎊中所含貴金屬的等量貴金屬。如果荷蘭商人，除了荷蘭盾別無其他交換媒介，則必須運出含有等量貴金屬的荷蘭盾。

　　歐洲商人現在所用的用語確立之時，曾經計算含有與某定量其他通貨同量貴金屬的一通貨數量。這被稱爲匯兌平價（par of exchange）。盾所含的金屬，雖與英幣 2 先令並不完全相同，爲使我們的說明簡單起見，假定此含有正巧同量的金屬；則匯兌平價爲 1 鎊對 10 盾；或照商人們簡稱，是 10 盾。

　　但是，國與國間的匯兌交易，不靠通貨或金屬的輸送而更大程度靠票據的媒介。商人進行票據交易時，其所用的用語，非常簡略，在若干場合，因爲選擇不得當，所以成爲曖昧與誤解的根源。

　　現在試述簡單的交易。某倫敦商人，對持有阿姆斯特丹的商人某金額的債權，他向阿姆斯特丹的商人寫一短箋，指令其付款。寫此短箋，名爲開票（drawing）；短箋本身，名爲票據；而此短箋所寫給的人（按：即票據抬頭人），則稱向其開出票據。如果倫敦的商人，在阿姆斯特丹有貨幣收取，而同時又須在阿姆斯特丹支付貨幣，那麼，他給其債權人，向其阿姆斯特丹的債務人，開出票據。換句話說，他寫給其阿姆斯特丹債務人的短箋，是指令此人對其別的債權人，支付該金額。如

果他應收金額等於其應付金額，則此票據就清償債務；如其應收金額少於其應付金額，則票據乃在此範圍完成支付，差額成爲餘額。

在交易進行中，例如從荷蘭輸入財貨的，與向荷蘭輸出財貨的，常非同一人。從荷蘭輸入小麥（或奶油，或獸脂）的商人，乃是一群的商人；而向荷蘭輸出綿織物與鐵器的商人，則爲另一類的商人。因此，可由荷蘭取得貨幣的人，毋須在荷蘭付款。他們對其貨款提出要求並期待這貨幣的支付。但是，另有必須在荷蘭付出貨幣的人，爲了節省匯款的費用，而希望從可由荷蘭取得貨幣的人，獲得他們給其債務人的指令，即就其金額發給債務人的票據。因此，可從荷蘭取得貨幣的英國輸出業者，乃對其荷蘭的交易對手，發出票據，從英國的輸入業者，在英國取得貨幣，毋須等待荷蘭的來款。

這樣，在英國乃有兩組人。即：一組是可從荷蘭取得貨幣的人，另一組是須向荷蘭送出貨幣的人。因爲必須送出貨幣的人，希望遇到：必須發出票據以取得貨幣的人；而必須發出票據以取得貨幣的人，則希望遇到要支付貨幣的人能直接付貨幣，以免耽擱（等待來自荷蘭的付款）。但是，這兩組商人，未必知道找到對方的方法。這便產生中間人；他們乃以票據經紀人與匯兌經紀人之名，執行使兩方見面的功能，或毋寧是在兩方之間從事有如媒介（medium）的活動。

票據發出的金額，與票據需要的金額相同時；換句話說，可由外國取得貨幣者，與須向外國支付貨幣者相等時，則可購買的票據金額，與可出售的票據金額，是完全相同的。因爲想買荷蘭票據的各人，同樣將有想賣荷蘭票據的別人。因此，一

方既不溢價，他方也不折扣票據。如以商人們的用語來說，匯
兌是平匯。

　　但是，有時，債務與債權並不相等；例如：在英國必須
支付的貨幣多過可以收取的貨幣時；換句話說，在輸入超過輸
出時，則想購買荷蘭票據的人，就多於有意出售的人。為了清
償他們在荷蘭的債務而得不到票據的人，就非運送金屬不可。
但是，這項作業，需要不少的費用。因此，發生票據的競爭；
商人們對於票據寧願比其價值多付一些。例如：向荷蘭開出
的 10,000 盾的票據（根據假定，等於 1,000 鎊），願意以略
高於 1,000 鎊的價值購買。此時可說：匯兌對荷蘭有利，對英
國不利。其之所以對英國不利，原因在荷蘭，當票據向英國開
出之時，有票據出售的人，多於要購買票據的人；因此，乃在
有意出售的人們之間，發生競爭，以致價格下跌。1,000 鎊的
英國票據，不能賣 10,000 盾，要賣得比較便宜一些。顯然，
這使以財貨輸出英國的荷蘭商人氣餒；這也使由荷蘭輸入財
貨的英國商人氣餒，因為英國商人，在此財貨的成本 10,000
盾之外，對於為了支付這筆金額的票據，還得支付超過 1,000
鎊，即超過 10,000 盾的若干金額。同時，這對以財貨向荷蘭
輸出的英國商人，成為激勵。因為，他對其 10,000 盾的荷蘭
票據，取得超過 1,000 鎊（1,000 鎊是其財貨的價值）。因此，
他受這種利潤的增加所刺激，而增加其貿易額。

　　商人用語被稱為匯兌（exchange）的票據的價格，什麼是
其變動的極限？這是極容易知道的。購買票據的動機，乃是債
務的支付義務。但是，在荷蘭有債務支付義務的商人，本可不
用票據而運送金屬以完成其支付。金屬的運送，要有一定的費

用。如果他能獲得票據而毋須支付超過這種費用，他就購買這種票據。因此，這項費用，是他對票據願付的最溢價，也爲其價格上升的極限。因爲體積有限而價值巨大的金屬，它的運送費用向來不大，所以，匯兌的變動幅度，絕不會太過偏離平價。

交易餘額如何藉由匯票由一國移向另一國？這在商業上，是眾所周知的。

如果交易餘額是應由英國對荷蘭，而又是應由漢堡（Hamburgh）對英國支付的，那麼，在阿姆斯特丹持有英國1,000 鎊票據的人，他不會向英國送出他的票據，在英國，只給他 1,000 鎊，如果以此票據送至漢堡，則給他多些；即他如在漢堡有須支付的債務，而此時英國票據在當地是有溢價，或此溢價超過由漢堡輸黃金至阿姆斯特丹的費用。英國對荷蘭所負的債務，這樣，乃靠在漢堡所持的債權來支付。在英國，從荷蘭輸入的商人，支付其輸入財貨的金額，是以向漢堡輸出的商人從收取輸出財貨的金額來因應。

這是國與國間透過匯票的交易，也是表現這些交易的用語。這些操作是在兩種狀態下進行。第一是：兩國的通貨仍維持在匯兌平價最初算定之時。例如，荷蘭的 10 盾含有與一英鎊相同的貴金屬，匯兌平價當然可說爲 10 盾之時；第二是：兩通貨的相對價值並未維持不變；例如，1 鎊並不等於 10 盾，而等於 12 或不到 8 盾。

如使英鎊中的貴金屬分量減少，假定 1 鎊所含的貴金屬，其分量等於 8 盾中所含的分量，此時，匯兌平價不是 10 盾，實際當爲 8 盾。但是，商人們自當初算定匯兌平價的時代起，從未變更他們的用語。假定：盾與鎊間的匯兌平價爲 10 盾，

即使兩通貨的相對價值起變化，例如：1 鎊並不等於 10 盾，而只等於 8 盾，仍名為 10 盾。但是，儘管如此，票據的價值，乃受兩通貨的真實價值所控制。即在若干鎊的票據，當已發生這種變化的時候，並非等於 10 盾若干倍額的票據，乃是等於 8 盾若干倍額的票據。不過，匯兌平價，實際雖為 8 盾，但尚稱為 10 盾；因此，人們稱此匯兌為以 10 比 8 的比例，對英國有 20% 的不利。此 20% 不利的匯兌，完全是名義上的。因為：當英國票據有此 20% 的折扣之時，匯兌實際是平價的。因此，這種語法是不正確的，容易使人誤解。但是，此時，如果記注：所謂對英國不利 20%，這是與平價相同的意義，那麼，就可容易知道：我們以前所有關於平價若說是正確的，即在此時，關於 20%，也是正確的。按正確的語法，是使匯兌高升至平價以上，如照不正確的語法，是較平價低 20%；按正確的語法，是使匯兌降低至平價以下，如照不正確的語法，這是較平價高 20%。在前一情形之下，由所謂高升至平價以上或降至平價以下所產生的一切結果，即在後一情形之下，也是由同一事件（只是名稱不同而已）所產生的。因此，關於此點，我沒有詳述的必要。

在兩國通貨同為金屬貨幣時，超過「受限於金屬的輸送費用，但隨金屬的輸送不斷修正而上下變動」之通貨相對價值的變化，只能由這些通貨所含金屬相對量起變化。這是因為：如前所述，在金屬通貨的價值與其所含金屬價值之間，有各項措施，防止其出現顯著的差異。但是，尚有另一情形，即紙幣（不能兌換金屬貨幣）的情形，乃有另加考察的必要。

茲再回到原先的假定：1 鎊含有與 10 盾同量的貴金屬；

　且更假定：在英國發行不能兌換金屬的紙幣之數量到紙幣 1 鎊
較（硬幣）1 鎊所含金屬的價值低 20%。此時，英幣 100 鎊的
票據，乃與成色已經降低的英幣（已失去其金屬 20% 的通貨）
100 鎊的票據，完全同值；這是容易明白的。此兩種情形，都
是 100 鎊的票據並非 10 盾的 100 倍，乃等於 8 盾的 100 倍。
至其理由是：這種票據，在英國，只能購買與 8 盾的 100 倍所
含同量的金屬。因此，當然，這只能與 800 盾的票據交換。

　　這事實，可用普遍法則的形式表現。開出至某國的票據
價值，在其到達之時，足足等於其開出數額的貨幣，可在該市
場購買到的貴金屬。例如：100 鎊票據足足等於其能購買到的
金屬；此事，不論該數量的金屬與以英幣 100 鎊所能購買的
金屬同一數量，或比較少些，都是一樣的。票據所能購買的部
分，比 100 鎊鑄幣所能購買的，少到什麼程度，恰是如果紙幣
代替鑄幣流通，紙幣的價值比鑄幣的價值下跌的程度。因此，
對於某國不利的匯價，絕不能超過以下兩項金額的總計。即第
一是：價值業已下跌的通貨價值與價值尚未下跌的通貨價值兩
者之間的差額；或：通貨的名目數額與其可以購買貴金屬數量
間的差額；第二是：購買貴金屬後，輸送金屬的費用。由此可
知：有人（而且，這些人之間，還包含著若干極著名的政治經
濟體學者）以為真正的匯價可以超過貴金屬的運輸費用（不只
是名目的），這種見解，是如何完全沒有根據。如據他們所
說：由於某特別的原因，貴金屬大量的被吸收，致發生貴金屬
的缺乏，又此缺乏的結果，為了要從其豐盈的國家取回貴金
屬，乃非由其缺乏的國家輸出財貨不可；此時，由其缺乏的國
家，向其豐盈的國家開出的票據，可能會有溢價；這種溢價，

等於依此票據價值運財貨到外國市場出售的運輸費用；因此，有時，這也可能遠超過貴金屬的運輸費用。

如果追查事實，則其答案就可明白。當匯兌是在平價時，眞正影響物品貿易的因素是什麼？如能明白這點當匯兌不在平價時所出現的差額就極易解釋。

兩國（名爲甲國與乙國）間的匯兌，當在平價時，代表兩國的輸出與輸入是相等的；即一國運至別國的，與由別國運回的，乃是相等的。此時，甲國運向乙國的財貨，這在甲國，比在乙國製造，尤爲便宜；即使加上一切追加額（必須的運輸費用），還可在乙國出售。同樣的，乙國運向甲國的財貨，也是在乙國比較便宜，其在甲國能夠出售的價格，必須足以抵償其運輸費用。這種運輸費用，顯然，乃與生產成本一樣，對於匯價，並無影響。

其次，讓我們看看：在匯兌情況已被干擾時，將發生什麼事？假定：（遠超過以前輸出額的）在乙國的付款手段，在甲國突然發生需求。對於開給乙國的票據，其需求因而增加，而超過供給；它的價格上升。問題是：這種票據價格的上升，其限度爲何？第一：顯然，價格的上升，乃以貴金屬的運輸費用爲限。但是，隨著金屬的流出，致其價值高漲。如果通貨是紙幣，它的價值是不動的，那麼，金價勢將高漲；這種高漲，不論是對通貨或是對物品，都是一樣的。因此，最後的問題是黃金價值上漲的限度爲何？

在票據開始有溢價以前，甲國的財貨是相當低廉的；因此，其中一部分，被運至乙國，加上一切運輸費用，當然還包括資本的正常利潤而出售。所以，對於票據的全部溢價，都成

為對資本正常利潤的增額。

假使甲國是英國，乙國是歐洲大陸，那事情是這樣的──英國的財貨，在匯兌平價時，乃向國外流出，並以包含利潤與運輸費用在內的價格出售；票據的溢價，如其上升的程度，只及金銀塊的運輸費用，這就成為輸出財貨的（相稱的）增額利潤。

顯然，隨著這種溢價的上升，這不僅加強「增加財貨輸出的動機」──這種財貨，在票據上升以前，已可輸出而獲得利潤，且使許多以前不能輸出的他類財貨，也可輸出。例如：在匯兌平價的時候，英國乃有某種財貨，可於支付運輸費用以後，在外國出售而獲得利潤；又在英國，也有其他某種財貨，因其價高，是不能如此輸出的。即：例如有些財貨，也許價高 1% 而無法輸出，其他財貨也許價高 2%，更有其他財貨也許價高 3% 等等。此時，顯然，票據的 1% 溢價，乃使第一種類的財貨可以輸出；2% 的溢價，乃使第二種類的財貨可以輸出；而 10% 的溢價，更使以前無法輸出的二、三種財貨可以輸出。相反的作用，即阻止外國財貨輸入英國的作用，因其種類與力量都是一樣的，所以，輸出大為增加，而輸入幾乎斷絕。因這兩個作用聯繫在一起，其力甚強，故脫離匯兌真實平價的巨大偏差，無論如何，是不能長久持續的。但是，不超過貴金屬運輸費用的偏差，由於長久存在，也許可以永續。例如：如果英國每年以巨額的貴金屬運至印度，而且，這是由漢堡收取，那麼，在金屬運輸費用的限度以內，匯兌是永續的對漢堡有利，對印度不利。

如果匯票常是對某重量的黃金而發出，則事情就簡單。假

定：在倫敦，對 100 盎司的黃金，而向巴黎開出票據，那麼，誰都不會對此票據，支付 100 盎司之外，再加 100 盎司黃金運輸費用以上的黃金。他也許以 390 鎊的通貨（有時也許以 410 鎊的通貨），購買 100 盎司。但是，這完全是由於通貨與黃金相對價值的變動。據說：這些變動，有時它的發生，是因通貨的價值仍舊一樣，而黃金的價值上升。此事意味：黃金在一國比其附近各國（例如在英國比歐洲大陸）有更大的價值。但是，果然，則必使英國的輸出增加而輸入幾乎全無。假使黃金價值的上升，達到 1%、2% 或 10%。在此最後的比例時，過去運至外國可得正常利潤的財貨，現在可以運至外國而獲得超過正常利潤 10% 的利潤；另一方面，其他所有各種財貨；即 1%、2%、3%、4% 或 5% 等，過去因價高而不能輸出的財貨，現在都可輸出。同時，相反的作用，也同樣強而有力的抑制外國財貨的輸入。以上各種現象是在一國與其他各國比，黃金的價高，必然的結果；又，這些顯然乃使：當一國貴金屬比鄰近各國價高，在自由情形之下，無法長期持續。

第十七節　獎賞及禁止措施

在此標題之下，我不問其屬性，一切的鼓勵與阻礙，即凡其目的是使生產或交換或多或少脫離原來的管道，而趨向另一管道，都包含在內。

據我確信，關於這一課題的議論，毋須多說，乃是明瞭而無爭辯餘地的。

生產與交換，在自由放任的時候，必然趨向於最有利的方

向；如由於某種外來的干涉，不論任何形式，每使生產及交換脫離這種方向，當然的結果，常是一國的產業，被迫走向不利的經營。

生產及交換，如果任其自然，必趨向最有利的方向；這由極簡單的論證，可以明白。

生產的情形與交換的情形，需要分別考量。這是因為：關於生產，幾乎沒有任何歧見存在。如果某國與別國無任何通商，本國的全部生產力，專用以滿足本國自身的消費，那麼，再不能有比對於一群物品的生產，給予獎賞，而對別種物品的生產，橫加妨礙，更顯荒謬的。我說這話，是從政治經濟體的觀點，或以生產來衡量。例如：如果某國以現用蒸餾酒有害為理由而加以妨礙，這是關乎道德層面；為了這種目的，不應規範生產，而必須規範消費。在任何不想限制消費的地方，常是需求規範供給，使其最合於社會的利益；這在實際上也是如此。即使是最愚笨的政府，也未曾想過：為了增加國富，對於靴子的製造，給予獎賞使其製造量增加；也未曾想過：對於襪子的生產，加以「遏制性租稅」（preventive tax）使其製造量減少。關於國內的供給，似乎人人都瞭解，恰可製造有此需求的鞋與襪。如果採取不同的政策，即對鞋子的生產給予獎賞，對於襪子的生產加稅或加重其他負擔，則其結果也不過是：比沒有這種措施，鞋子可更廉價的供給民眾，襪子將更高價的供給民眾，如果任其自然，任憑民眾自由考慮自己的方便，換言之，允許由他們的勞動獲得最大的利益，鞋子沒這麼多，襪子沒這麼少。

因此，一切產業上的管制，其目的在增加某種物品的數

量，而減少另種物品的數量，全是針對著管制與外國交換物品的目的；即增加或減少（最常見的是減少）由外國輸入某些物品的數量。

現在已經充分證明：凡在國內可以生產的物品，如果不能以較少的勞動（比在國內生產的勞動少），即以較少的成本，由輸入而獲得，則絕對不能由外國輸入；嚮往以儘少的勞動成本，生產物品，這不僅是確定的，而且是被認可的。藉分工、分派改良耕作土地的方法以及發明更有效率而精巧的機械，在生產上進行一切改善的目的，都是爲此。其實，國家所擁有的生產手段，不論其數量如何，生產手段愈具生產性則愈好；這是自明的命題。因爲：這無異說「獲得我們所要的一切物品，能少點麻煩對人類是好的」。

可以肯定的是，在自由狀態之下，國內可能生產的物品，如果不能以較少的勞動或成本（比其在國內生產的少）而輸入，則絕不能輸入。而且，不僅如此，任何國家，凡在該國可以最少的勞動或成本獲得此項物品，這就必從這樣的國家獲得；又，任何物品，如果由此物品的輸出，可用最少量的國內勞動，那麼，這樣的貨物，乃就輸出以爲交換。此事，由貿易上的原則來說，是顯然而毋須說明的。這等於說：如果任其做主，則商人常在最廉價的市場購買，常在最高價的市場出售。

因此，生產及交換的業務，如果任其自由選擇走向，則一定選擇對社會最有利的走向，這是十分確定的。它選擇的方向一定是：社會想要獲得的物品，乃以最少的成本獲得。獲得個人所要的物品，且以最少的成本獲得，這是生產及交換的業務，就是如此簡單考慮所算計出來的好處。所以，不論其程

度如何，如果生產及交換的業務，被推向其自然所趨的方向之
外，則由生產及交換所生的利益，就有同一程度的犧牲；或在
某程度被延展至其他事物之後。如果這些利益，必須在某程度
被延展至其他事物之後，那麼，這是政治的問題，不是政治經
濟體的問題。

關於小麥貿易的問題，維持限制與禁止體系（restrictive
and prohibitive system）的政策，其固執而詭辯之大，莫此為
甚。但是，小麥，除非比在國內生產，以更少的勞動由外國獲
得，否則絕不能輸入，這是無庸置疑的。因此，從輸入在國
內能生產的某些物品所獲得的一切好處，全可從小麥的輸入獲
得。因為土壤的多樣性與人口的規模形成輸入小麥，其利益遠
大於其他任何物品；何以必須拒絕以此利益給予社會呢？

鼓吹小麥貿易限制論的主要理由，乃是以下兩點；但此兩
點，都是沒有價值的。

第一理由是說：國家如果不能由本國的土地獲得自己所
必需的小麥，那麼，可能會因鄰國的敵意，斷絕外國的小麥供
給，而陷於極大的苦痛。這樣的議論，表示對歷史與原理，兩
者都屬無知。因為，就歷史來說，關於小麥的供給，過去仰賴
外國最多的國家，比其他任何國家都有好處，因它一直享受小
麥穩定而不變的市場利益；即由原理來說，當然得到如下的結
論。即謂：如果一國是處於盛產季節而他國處於減產季節，則
其大部分的供給仰賴於許多不同的國家，可使國民免受由季節
所帶來的廣泛又悲慘變動。又，牽連在此議論中的政策，其政
治經濟體，也好不到那裡。為了避免偶然發生妄想的弊害，而
犧牲實質上的利益。因為別國仰賴其小麥供給的國家，其產出

的販路也依賴其他的國家，一如購買國為其供給之依賴該國，所以這種弊害，尤難理解。一國因大市場的喪失而發生小麥過剩，其不可避免的結果，是帶來價格的下滑，農場主的破產與地租的減少；當無人認為這是微不足道的弊害。

主張小麥獨占的人們，其所根據的第二理由，是這樣的，即：如果商人及製造業者，在若干情形之下，享受國內供給的獨占權，對農場主及地主，如不給予同樣的獨占權，未免有欠公平。第一是說：如果這種議論對於小麥栽培者是妥當的，這對任何其他種類的生產者，也是妥當的。如果因對毛織物的輸入課稅，則對小麥的輸入也應課稅，那麼，對該國所能生產的一切物品的輸入，也非課稅不可。簡而言之，該國唯有除了在本國沒有生產手段的物品，都不宜與外國通商。如此一來，幾近荒謬就已是定論。

這種議論，乃更認為：製造業者在他所期待的保護結果中，得到莫大的利益；又，穀物栽培者，如果沒有同樣的租稅恩惠，就會受到與此相應的惡害。在這些假定中，原理上的無知，是顯而易見的；而且，連真理的影子都不存在。

在「不許外國的製造者與其產出競爭」的毛織物製造業或其他某些製造業上，投下資本的人，並不因此而從其資本獲得更大的利潤。他的利潤，並不大於那些對全世界開放競爭貿易投下資本者的利潤。只是更多的資本家，在該製造部門找到工作；簡而言之，該國的部分資本家，紛紛從事該特殊種類製造品的生產而已；這種物品，如果能由外國的製造業者輸入，也許就會購買。否則（按指：如無進口限制），這一部分的資本家，將從事其他某種製造品的生產（也很可能，將從事某種輸

出外國市場的物品的生產）。

　　對受保護的貿易投下資本的人，不能由此保護而得到額外利潤；同樣的，小麥的栽培者，也不會因此而受到某種特別的損失與麻煩。因此，沒有比認爲小麥栽培者有補償要求更無根據。小麥的市場，不因租稅加諸毛織物的輸入而減少；又，這種市場也不因租稅的取消而擴大。所以，他的業務，毫不受其影響。

　　揭露潛藏於小麥貿易限制論中所有的謬誤，這與以普遍原理的解說爲限的著作計畫，恐不相容。但是，若干思維迷妄的根源，也不能完全置之不理。

　　地主力陳：自己的情況與製造業者的情況是完全一樣的。但是，在有關這種議論的範圍上，這兩種情況不僅不同，且正相反。地主又力使自己的情況與農場主的情況混淆，但，該主張似乎有理幾乎全靠這項。沒有比此主張更無根據的；這稍一推理就可明白。農場主爲生產者，乃與其他所有的生產者一樣，要回收自己的全部費用及對其所投資本的應有利潤。土地產出超過這種回收與利潤的剩餘，是他付給地主的；所以，他的利益不受這種剩餘數量多寡的影響。另一方面，他的利益則大受工資的影響，因爲：他的利潤，乃與所有其他的利潤一樣，工資愈低則愈高。如果小麥價高，工資就不可能低。因此，農場主階級的利益（毋寧是其永久的利益），乃在小麥的價廉。這一階級中的個人，在其借地契約的有效期內，可能因高物價而獲得利益，但是，這種例外的論據，反而表示普遍法則的正確。在借地契約的有效期內，因高物價而獲得利益的個人，由於其借地契約，變成某種程度地租的取得者。在其借

地契約存續期間，如果物價上升，他不但取得作為農場主應有
利潤的報酬，而且取得超過於此；即原為地租的部分，如果沒
有他的借地契約，則應付給地主的部分，也為他所取得。

　　但，這是重大的區別。地租的取得者，雖因小麥的價高而
受益，但是，小麥的生產者，其本身並不因此而得利，反而得
到不利。農場主的情況，與製造業者的情況是一致的，與地主
的情況是不一致的。農場主是生產者，同時也是資本家。製造
業者也是生產者，同時也是資本家。而且，他們在其資本與其
利潤一起回收時，取得屬於他們的一切。地主既非生產者，也
非資本家，但卻是土壤中特定生產力的所有者，在支出必要的
資本（為使這些生產力發生作用所必要的）以後，其土壤所生
的一切，乃屬於他。由此可知：地主的情況是特別的；小麥的
高價，對他有利。這是說：價格愈高，則愈是少部分的產出，
就可充分清償農場主的資本與其利潤，而所有的剩餘，都是他
自己的。但是，對於農民，又對社會其餘所有人，小麥的高
價，既有減少利潤的傾向，又將增加消費者的負擔，可是弊害。

第十八節　殖民地

　　眾多採取強迫生產手段比自然流向更大量的湧向特定管道
的政策中，殖民地（colonies）有足夠的重要值得特別考量。

　　在殖民地政策中，此處唯一需要考量的，是關於與殖民地
的貿易；問題在於由此可否獲得任何特別的利益。

　　關於殖民地，一如對外國，無疑得承認以下一命題。即從
與殖民地貿易所得的利益，全在取自殖民地的物品，非在運給

殖民地的物品。這是因爲：後者如無回饋，則完全變成損失。

來自殖民地的回饋，或爲貨幣，或爲物品。讀者已經充分知道：一國取得貨幣，不比取得其他某種物品，更有利。又如殖民地沒有貴金屬的礦山，且在母國的壟斷之下，顯然除其本身的產出以外，既無貨幣，也無其他任何物品可向母國送出。

毋須考量與殖民地自由貿易的情形。因爲：這是與外國貿易的情形是一樣的。

母國自己保留對殖民地貿易的壟斷有兩種。

第一是：母國可以一獨占公司，與其殖民地貿易。此時，殖民地除其獨占公司以外，既無允其可賣物品的買家，也無許其可買物品的賣家。因此，此一公司，能以其所欲的高價使殖民地購買由母國運至殖民地的財貨，也能以其所欲的低價使殖民地出賣由殖民地運至母國的財貨。換句話說：殖民地在這種情形之下，對母國某定量勞動的產出，被迫必須給予遠多於比母國以同量的產出可由別國或在自由狀態下的殖民地所能獲得的財貨。

在這種情形之下的貿易，乃有兩種。第一是：殖民地由母國取得奢侈品與消遣品；第二是：取得必需品（即生活上的必需品）或產業上的必需品（例如鐵）等等。

在殖民地只由母國取得奢侈品與消遣品時，母國能從殖民地的勞動獲利的程度，是有限度的。如果殖民地爲了奢侈品與消遣品而須大量犧牲自己勞動的產出，那就不會接受這種奢侈品與消遣品；又也許認爲：不如用自己的大量勞動，生產殖民地本身所能生產的奢侈品與消遣品。

但是，如果殖民地，其必需品是依賴母國的，則獨占公

司對殖民地，乃完全行使專制的權力。這種獨占公司，可能給予殖民地的住民僅僅足以維持生活的必需品，而強向殖民地要求殖民地勞動的所有產出。如果殖民地所要的物品是生活必需品，則結論是顯然的。如果缺少像是鐵與鐵製用具的物品，殖民地的勞動就不具生產力，其結果也是完全一樣的。所有殖民地勞動的產出，都可能用以支付這些物品只求其人口數能依此維持不變。此時，不使人口減少，將是母國的利益。因為：人口減少，產出也將減少，而其結果，將使母國可以取得的物品數量跟著減少。

　　但是，也有母國只禁止殖民地與別國商人交易，不想由一獨占公司而是開放本國所有的商人與其殖民地貿易。此時，母國商人們的競爭，乃使由殖民地取得的一切商品的價格，儘量低廉到他們負擔得起，換句話說，如果扣除這些商品的運費，則與在母國本身同樣的低廉。如果有人說：殖民地能產生市場，那我會回答：給這市場供給物品的資本，即使完全沒有殖民地，也可生產物品；而且，這些物品，也可找到消費者。一國的勞動與資本，不會生產超過該國所願意消費的物品。各人都有「消費其所取得一切物品」的欲望（或為生產性消費，或為非生產性消費）。因此，各國在其國內，乃有其所能生產的一切物品的市場。此事，在考量消費課題及市場的由來與限度時，可更明瞭。所以，在自由競爭之下，從與殖民地貿易那部分（限於對殖民地供給財貨這一點而言），不能獲得任何利益。這是因為：由此所得的，只是資本的正常利潤（即使沒有這種貿易也可得到的）而已。儘管如此，如果殖民地被迫從母國購買的財貨，在別國可以更低的價格買到，則殖民地因為這

種交易而有所損失，那卻是真的。

所以，顯然如果對母國有何特別利益，則此利益一定得自殖民地以廉價的財貨供給母國。如果殖民地運至母國的財貨，例如砂糖，其數量之多，充斥母國市場（即砂糖數量之多，超過別國的標準，且使其價格，在母國猶低於在別國），則母國強制殖民地，使其財貨專供母國的市場，這對母國是有好處的。因為：如果殖民地的人們，可向任何可以獲得最高價格的地方販賣，則母國對此財貨就非支付與別國一樣的高價不可。

這種利益如為母國所獲，是來自殖民地的犧牲。在自由貿易，則兩方都有好處。在靠強制製造利益的時候，一方的利益，必定是他方的損失。在母國強制殖民地，使以低於可在別國出售的價格，向母國出售其財貨時，這等於對殖民地課以納貢（tribute）而已。固然，這不是直接的而是偽裝的，但仍是真正的納貢。

如果要用靠獨占公司以外的某種其他方法，抑制對殖民地貿易，而獲得某些利益，這一定是強制殖民地，使不對母國以外販賣其財貨；而不是強制殖民地使不購買母國以外的財貨。因此，殖民地政策的重大改善，乃是開放殖民地的財貨供給，允許殖民地，由其所能找到的最有利市場，購買其所要的財貨；只是限制殖民地販賣其財貨；此即：允許殖民地由其歡喜的地方購買，但不許其向母國以外出售其財貨。

同時必須認清的是：如果母國的商人可以自由輸出得自殖民地的財貨，那麼，這些財貨的價格，在其本國，將上升至其在別國的價格水準。商人的競爭，將使財貨的價格，在殖民地，也上升至與其相應的高度，而其結果，母國的利益，就要

喪失。

　　通商條約的締結，有時，其目的是在限制貿易的自由。一國能給別國設限，只有在兩方面：或在購買，或在販賣。假使大英帝國使其他某國負有「只從大英帝國購買某財貨」的義務，則大英帝國不能由此條約獲得任何利益。商人的競爭，將使商人以對本國人同樣的廉價，對該國商人出售這些物品。他們的資本，並非比沒有這種貿易存在的時候更被有利的使用。一國使另一國負有「不將其財貨販賣於該國以外」的義務，由此是可得到好處的。某一國如被束縛：對某特定國家以外，不能出售任何貨物，那麼，這與殖民地之被約束：不能販賣物品於母國以外，情形完全一樣。但是，不會有自由國家約束自己除對某一國以外完全不能販賣其貨物；因此，我們毋須將此類情形視為可操作的或現實的。

　　一個國家可以約束自己，並非將其輸出國外的所有物品，而只是將其中的一部分，專向別的特定國家販賣。

　　這些物品，例如布料、鐵器、帽子等，即使在自由的情形之下，可能除了資本的正常利潤，不能再有所獲；也可能是一些物品，例如小麥、葡萄酒、礦石等，除了資本的正常利潤以外，還可有些收獲，也就是租金的來源。

　　一國強制另一國，使以第一類的物品，專向本國出售，這不能獲得什麼利益。如果受惠國對於財貨所付的價格，不夠資本的正常利潤，這些財貨就不會繼續生產。如果該國所付的價格，足夠資本的正常利潤，則該國按此價格，即使沒有任何約束的條約，也可獲得財貨。

　　在財貨除了資本利潤以外還可帶來若干租金或獨占利潤的

地方，情形就不同。此時，被送至受惠國的財貨量，乃使當地被管制貨物的價格，下跌至鄰近各國的價格以下；並且，被約束國，如果不在約束之下，則（其貨物的價格）將跌至在這些鄰近各國可以出售的價格以下。在此範圍之內，而且只有在此範圍之內，一國可藉限定別國只與本國貿易而獲得利益。這種約束，或使獨占物品的利潤減少，或使租金減少。

這一課題，常使不習於這門學科錯綜複雜的頭腦困惑，卻有一方法，可使交代清楚。

現在假定有甲、乙兩國，其中甲國，由於條約及其他的關係，負有義務：只由乙國取得該國所需要的鞋子，而以該國所有的砂糖賣給乙國。同時假定：甲國如果自由放任，則可由別國，以便宜 50% 的價格，獲得鞋子；此時，乍看之下，像似乙國由甲國購買砂糖所付出的代價，以本國的勞動估計，如與甲國可以在它所歡喜的地力購買（鞋子）的時候比較，可以少付出 50%。

如果乙國專以鞋子支付該砂糖的代價，那麼，無疑的，乙國在自由貿易時，將多付 50%。

但是，如果乙國還有其他某種物品，可用以購買這種砂糖，而且，乙國可與其他國家一樣廉價供給這種物品，那麼，即在自由貿易時，乙國也不會有何損失。乙國是以與過去同量勞動的產出，購買同量的砂糖；所不同的，只是其所用的產出，不是鞋子，而是其他某物品而已。

乙國一定能提供和其他國家同樣廉價的物品的。否則，在乙國，就不能有外國貿易。

也許有人提出反駁說：乙國是有可與其他國家同樣廉價

的物品，但在生產砂糖的國家，也許沒有需求。但是，即使只
有鞋子，是在殖民地有需求，這些其他的物品，可用以在其最
廉價的地方購買鞋子，所以，即在自由貿易，也可獲得與受限
（狀態的）貿易時同量的砂糖。

第四章

消　費

在構成政治經濟體主題的生產、分配、交換及消費的四組活動中，最初的三組，乃是手段。誰都不是只爲生產而生產，同樣的，分配也不是爲了分配而分配；物品是爲某種目的而被分配，同樣又被交換。

上面所說的目的，乃是消費。**物品是爲消費而生產**；分配及交換，都只是將所生產的物品帶給預定要消費這些物品的消費者之中間活動而已。

第一節　論生產性及非生產性消費

消費乃有兩種；理解這兩種消費的不同性質是極重要的。

第一是生產性消費（productive consumption），第二是非生產性消費（unproductive consumption）。

一，爲了生產，需有某種的費用。勞動者的生活非維持不可；且又必須提供其勞動的適當工具及可生產物品的原物料。

爲了生產某種物品而如此消費的，可說是生產性消費。

在生產性消費中，包含著三樣東西。第一是勞動者的生活必需品；在此詞彙下涵蓋所有工資，不論是僅給勞動者以維持其生存所必需的，或提供其享樂的某些物品。爲了生產而消費的第二樣東西，乃是機械類；這包含各種工具、生產活動所必需的建築物，甚至家畜。第三是打算生產的物品，非以此製成不可，或非由此引出不可的材料。這樣的物品，乃有：穀物非由此生產不可的種子，亞麻布或毛織品非以此製造不可的亞麻或羊毛，非以此染色不可的藥品，或在必要的作業中非消費不可的煤炭。

　　此三樣東西在生產活動的過程中，不被完全消費的，只有第二樣。用於生產的機械及建築物，可存續好幾年。反之，勞動者的必需品及所謂原物料，總之，不論是爲生產物品之最初或第二次投入的，都被完全消費。即使是耐久的機械，它的消耗也構成部分的消費。

　　二、上述這類是人類爲生產而必需的消費。但是，他們另有一種消費，是既不帶來生產，根本也不爲生產。某人給予莊稼漢的工資，是爲了生產。他給予其僕役與馬夫的工資，不是爲了生產。製造業者，他購買亞麻，製成亞麻布，這是生產性消費；他購買葡萄酒，在其餐桌上享用，這是非生產性消費。這些例子，足以說明，我們所謂非生產性消費是何意義。凡是並不由此引出所得或收入的消費，都是非生產性消費。

　　由此說明，生產性消費，其本身屬一種手段。即爲生產的手段；反之，非生產性消費不是手段，這種消費乃是目的。這類消費，或其所帶來的享受之好處是構成其先前一切辛苦活動的動機。

　　由此說明，也引申出：生產性消費，並不喪失任何物品。即：個人或社會的任何財產都不減少。這是因爲：某一物品雖被破壞，但另一物品乃因而產生。非生產性消費，情形卻完全不同，它不帶來生產，而消費的物品，不管爲何全數喪失；這樣消費的物品，都使個人與社會兩方的財產減少。因爲：這種消費的結果，沒有生產任何物品。物品乃因使用而消失，所得的，只是由此物品的使用所帶來的好處、快樂與滿足而已。

　　「爲生產而消費」的物品，都是資本。這是值得特別注意的「生產性消費」之一項性質。某人以若干資本開始布料的製

造。他以此資本的一部分支付工資；以另一部分投資於機械；更以其餘的部分購買原物料以及爲產銷所必需的其他物品。這樣，顯然的，每筆資本的整體，都進行生產性消費。同樣也是顯然的，一切被「生產性消費」的物品，都成爲資本。這是因爲：我們已經知道的布料製造業者的資本，是在進行生產性消費，現在如果此布料製造業者，保留其利潤的一部分，而用於爲其事業所必需的別種「生產性消費」上，則其作用完全與其資本的各種作用相同；而在實際上，是對其資本有所增加。

一國的生產力，其在一年內生產的全部物品，名爲年度總產出（gross annual produce）。其中大部分，是爲替代已被消費的資本（即還給資本家投於工人的工資與原物料的購買，及對其機械耗損的補償）所必需的。回補已被消費的資本之後，剩餘的產出稱爲淨產出（net produce）；常被分配爲資本的利潤或租金。

此淨產出，一切國家資本所由出的基金通常靠此增加。如果淨產出，完全用於非生產性消費，則國家資本不變，既不減少也不增加。如果「非生產性消費」，超過淨產出，這是取自資本，國家資本因而減少。如果「非生產性消費」不及淨產出，即其餘額供生產性消費，則國家資本增加。

以生產性及非生產性來塑造兩種消費與兩種勞動，雖然可以構成極精準的概念，要在兩者之間明確的劃一界線，可不容易。幾乎所有我們的所謂分類，都不免有這種困難。在差距很大的東西之間幾乎常有彼此接近到幾乎感受不到差異的層級存在。我們分動物爲兩類：理性的動物與非理性的動物；沒有比這兩個概念更能區別了。但，還可能找到：有些生物很難說是

屬於此兩類中的哪一類。同樣的，在某程度上可恰當的歸類爲
消費者及勞動者，生產階級與非生產階級。儘管有這種困難，
實行分類而於某處劃一界線，在人類討論事物上，是絕對必要
的。這對科學與實踐的兩者，可使達到充分精確的程度。被分
類的對象，其比較重要的特質，在其部類的定義之內，應有明
確的標示是極爲關鍵。而後，在兩部類的界限內如有相當程度
具兩者特質的東西，再予以實際斟酌調整，這並不困難。

第二節　一年所生產的都在一年消費

我們已經說明生產與消費的本質，現在容易理解：一年生
產的全部物品，要不在當年被消費；或，某年所生產的物品，
在下一年裡被消費。

凡所生產的物品，總屬於某人；並由其所有者用於某種用
途。但用途只有兩種：或是爲了直接的享樂，或是作爲最終利
潤。作爲最終利潤，乃是生產性消費；用作直接的享樂，乃是
非生產性消費。

我們甫觀察到，爲了最終利潤所用的物品，是盡可能迅速
的投在勞動的工資、機械及原物料上。這是極重要事實；在政
治經濟體上思路不清的人，他的錯誤大多出自忽視這項事實。
因凡是由年產出中保留下來轉變爲資本的物品，也都必然被消
費。這是因爲；爲使與資本的目的相吻合，這些產出必被用於
工資的支付、製成品所需原物料的購買，或最後被用於同樣由
工資的支付與原物料的購買所實現之機械的製造。關於用在
「非生產性消費」部分的年產出，極少發生誤解。這類的物品

如儲存超過直接使用所需的額度，將會帶來損失，所以，除了少數其品質會隨時間而提高的物品，要不全部常被迅速消費，要不處於消費的過程。

在政治經濟體，一年乃被視作包含生產與消費的循環週期。不能說：任何週期都這樣正確的包含這種循環。有些物品，乃在遠比一年短的期間之內被生產，又被消費。別的物品，其循環大於一年。但是，為了方便議論，必須假設：某週期是包含這種循環。一年的期間是最合適的。這與產出的一大部類（即由土地的耕作所得的產出）正相適應。而且，我們如果獲得正確符合於此假定的表達形式，那麼就容易在實際上，按各物品的生產與消費循環，比我們為普遍情況所設下的標準，或大或小，加以修正。

第三節　消費是與生產同其範圍

消費與生產同其範圍是由前節所確立的命題一項直接的必然結論；此事，只需稍作說明，就已足夠。

一個人從事生產，只是基於他想持有。如果他所生產的物品是他想持有的物品，那麼，生產到他所想的數量，他就會停止生產；他的供給予他的需求正相適應。自己製作弓矢的野蠻人，他所製作的弓矢，不會超過他想持有的數量。

一個人生產多量的（超過自己所想持有的）任何物品，這只能出於一個理由——即：他想要其他的物品，而此物品是可與自己生產的多餘物品相交換。對於如此確定的命題，幾乎沒有提供證據的必要。人不為獲得什麼而費勁，這是與人性的已

知法則不符。如果他想要甲物而生產乙物，這只是因為：以他生產的乙物，可以獲得他所要的甲物；而且，這比他自己努力生產甲物還可多獲些。

勞動有了很大程度的分工和分派後，各生產者僅止生產某一物品或一物品的一部分，則他所生產的物品，只一小部分，為其本身的消費所使用。其餘的物品，他是用以取得他所要的其他一切物品。而且，一旦每個人只生產一種物品，而以他所生產的，與其他人們所生產的物品互相交換，則人們便發覺：每個人要比自己努力生產一切時所獲的來得更多。

人只消費自己的產出，嚴格的說，是既無供給也無需求。需求與供給，這顯然是關於交換（對買主與賣主）的用語。但對專為自己生產的人，就無交換；他並不想買什麼，也不想賣什麼。他擁有財產；他雖然生產物品，但不表示要放手這種物品。如果此時，我們藉助比喻，而採用需求與供給的說法，則在這種假定的條件之下，猶言需求與供給正相當。因此，只要是關於市場的需求與供給，我們對於所有者以各自生產或領取的形態而消費的年產出部分，可以完全置於問題之外。

此處所謂需求與供給，顯然，我們是就整體而言。就某特定的時期、某特定的國家，我們謂其供給等於其需求；可不是就某單一物品而言。我們的意思是：綜合一切物品的需求額，等於綜合一切物品的供給額。儘管需求與供給的總額如此相同，但某一或某些物品，其生產數量，常可能多於或少於對於這些特定物品的需求。

構成需求，必須有兩因素。第一是對於該物品的欲求，第二是換取該物品時可以提供的等價物（equivalent）。所謂需

求，是指有購買的意思與購買的手段。兩者缺一，購買就不會發生。等價物是一切需求必要的基礎，某人，即使想要物品，如果對此沒有可以給予的任何物品，都是徒然。人所供給的等價物，乃是需求的工具；他所需求的多寡，是由其等價物的多寡衡量的。需求與等價物，是可代換的詞彙；其一可以代替另一。等價物可稱爲需求，又需求可稱爲等價物。

我們已經說過：每位生產的人，盡其所產帶到市場，希望獲得別的物品。而且，某人生產而不欲以此爲其自己消費之用，這些物品，顯然是他所有可與其他物品互相交換的。因此，他的購買意願與他的購買手段（換句話說，他的需求），乃與他所生產而自己不想消費的物品數額，正是相等。

但是，每個人是以其生產而不想消費的物品全部，形成供給。年產出的任何部分，不論以怎樣的形式掌握在他手中，如果他自己不想消費任何一部分，那麼，他就希望處置其全部；因此，全部成爲供給的實體。如果他消費一部分，那麼，他就希望處理全部的剩餘；而全部的剩餘，就成爲供給的實體。

因此，每個人的需求，等於他在年產出或常稱財產中他可以處置的部分；又因每個人的供給，完全與此爲同一物，所以，每個人的供給予需求一定是相等的。

需求與供給兩詞之間，有極獨特的關聯。被供給的物品，同時經常也爲「需求工具」的物品。成爲「需求工具」的物品，同時經常也爲供給存貨增量的物品。每一物品經常同時既爲需求的實體，又爲供給的實體。實行交換的兩人中，並非一人只有供給，另一人只有需求。他們同時各有需求與供給。他所帶來的供給，是其需求的工具；他的需求與供給，當然正

是相等。

但是，如果每個人的需求與供給經常是相等的，則一國所有個人全加起來的需求與供給，其整體也定是相等的。因此，年產出數量不論多少，是無法超過年需求的數量的。全部年產出，乃被分割成與其被分配至國民人數相等的份額。全部需求等於擁有者並不用作自己消費的全部份額。但是，全部份額等於全部產出。因此，論證完整無間。

一國的需求常是一定等於一國的供給，對一國的整體產出沒有市場是很難充分的開展（sufficiently enlarged）；這一論證，不論看似如何完整，因為這個命題未被充分理解，有時仍被公然否認。

提出這種異論的根據，是物品對於需求，常有過剩。

這一事實，是無爭辯餘地的。但是，這一事實（雖然是想以此來反駁本命題的），對本命題的眞實性並無影響；這是容易論證的。

雖然不能否定：每人的需求等於每人的供給；但是，他也許在市場上找不到他所要找的那種購買者；又也許誰都不要他能處置的那種物品。儘管如此，說他是以與其供給相等的需求而出現於市場，仍然是正確的。因為：他本想以他所帶來的財貨換取某種財貨。說他也許只想要貨幣，這也對本論證毫無影響。因為：貨幣，其本身就是財貨；而且，沒有人想要貨幣，他們不過用以換取生產性消費物品或非生產性消費物品而已。

因為人們都有彼此相等的需求與供給，故如某種物品多於需求，則別種物品一定少於需求。

如果每個人是有互相相等的需求與供給，則全體加總的

需求與供給也經常相等。假使：在需求與供給這兩等量中，一方被分成一定量的部分，而另方也被分成與前者完全相同的量，並且這些量乃全然的互相吻合；即有與對穀物需求量同量的穀物供給，有與對布料需求量同量的布料供給等等。此時，年產出的數量，不論多少，其間顯然沒有任何物品過剩存在。接下來，假定：需求與供給其全然的相互吻合，受到干擾。例如：假定所有的需求，依然相同，但布料的供給大為增加。此時，因為需求無任何增加，當然，布料將發生過剩。但在其他方面，一定有與此同額的其他物品的不足發生。這是因為：被製成的這種布料之所以會增加，只有一種方法，始能實現，此即：由其他物品的生產抽出資本，而使該物品產量減少。但是，如果某物品的數量減少，仍有更多量的需求存在，則此物品的數量，就告不足。因此在任何國家都不應該存在數量大於需求的物品，卻不存在數量少於需求的其他物品。

需求與供給的不相吻合，實務上會有怎樣的結果乃是眾所周知的。過度充盈的物品，價格低落；供量不足的物品，價格上升；這是大家充分理解的市場波動。充盈物品的價格低廉，經由利潤的減少，旋即使資本離開此生產線。告缺物品的高價，乃使某定量的資本，集於此生產部門，直至利潤均等為止，即至需求與供給互相吻合止。

對於所謂「生產可能比消費增加更快」這一假定，其所能想像之最有力的有利論據，無疑的，是說每人都不消費任何必需以外的物品，將年產出的餘額，完全予以儲蓄。然而，這是與人性的法則相左，所以是不可能的。但這種不可能情形的後果，是可予以追溯的；對論證生產與需要的不斷均等（這一議

論），是大有幫助的。

　　在此情形之下，年產出中，成為每個人份額的物品，除其自己必需的消費以外，都被用於生產。一切的生產，當然，都將朝向原物料及若干粗製品。這是因為：只有這些物品是被需要的物品。年產出的每個人份額，因為除其自己的消費以外，都用於生產，此就是被用在有利於原物料及粗製品生產的物品。但是，這些物品，正是原物料及若干粗製造品。因此，每個人的需求，雖然全由這些物品所構成，但是，全部的供給也由同類物品所構成。所以，這又證明：總體的需求與總體的供給必然相等。這是因為：全部年產出，除了由各份額擁有者所消費的部分，都被用作需求的工具；而且，全部年產出，同樣經過扣除以後，也被用作供給。

　　因此，經過再證明可以明白：生產快過需求，絕對是不可能的。生產是需求的原因，而且是唯一的原因。在生產產生了供給之時，一定也產生了需求；兩者是同步的，而且是同量的。

　　布萊克先生（Mr. Blake）曾說過：「假定新的嗜好與新的欲望，乃與新的資本同時產生，對其而言是無從反駁的」。[1]但是，此處所謂嗜好與欲望，是本質的，又必然的被包含在資本存在的本身之內；這，我想以布萊克先生的敏銳頭腦，一經反省，就可明白。

　　新資本，都可按照其擁有者的計畫，而全被投於某些物品

---

[1]　見 W. Blake, Esq, F. R. S.（第 59 頁）：「在現金支付受限下，對政府支出所產生之後果的觀察」。這是一本小冊子，布萊克先生在此就幾個重要課題提供他非常卓越的見解。

的購買。知道：每一筆資本的創造就是需求的創造，這是非常重要的。令人意外的是，如此重要之點竟常被忽視。這幾乎是近於自明的；而且，如予以承認，則為支持「供給過剩」所已引用或所能引用的一切議論，就在其本身之內找到解答。

我們所謂：某一國家整體的需求，而且包含例如一年的生產與消費的固定循環，這是什麼意思呢？我們是否或能否是指國家購買力以外的物品而言呢？又所謂國家的購買力是什麼？當然，是指可帶到市場的財貨。另一方面，我們同樣講到某一國家整體的，又包含同樣循環的供給，這是什麼意思呢？我們是否或能否是指被帶到市場的財貨以外的物品而言？結論是極明白的，也毋須特別予以指點。

在考量這一課題時，常發生概念混淆的原因，也許是起於特定物品，既可能，又實際發生供給過剩的這種現象上。但，如果總體的供給，不論在數量或在價值上，必跟著相等的總體的需求，是必然正確的，那麼，因個別物品之供給過剩，而能歸結物品的總量也可形成供給過剩嗎？

前述某一種（有時甚至幾種）物品可能超過需求而充盈的存在，則其他物品，必定以同樣的程度，不敷需求；對於這項論證，曾有人反駁說：供給過度充盈的物品，則價值下跌；遂帶來供給過剩的一切弊害；因此，這是對否定供給過剩存在的全部議論的反駁。

這只是言詞上的反駁，在概念上完全沒有反駁。在我的議論中所主張的是：在個別的情形，也許有之，導致在整體，則不可能有物品的供給過剩。而對我的反駁是：在個別的情形，供給過剩是會有的。

　　這種自以爲是的反駁，其措詞本身，就已承認引起爭議事件的確實性。在過度充盈狀態的財貨價值，說是低落的。如果這不是賣弄語詞，那正默認：一群財貨的供給超過需求時，其他一群財貨的供給必常不及需求。

　　我們說「供給予需求互相吻合」時，其必然的意義是什麼呢？此即：由某定量的勞動所生產的財貨，可與由等量的勞動所生產的財貨互相交換。如果充分注意這一命題，則餘下的一切，都會明白。

　　例如：如果一雙鞋子是以與一頂帽子的等量勞動所生產的，只要一頂帽子可以交換一雙鞋子，則供給予需求是互相吻合的。所以，如果鞋子相較帽子的價值下跌（反過來說，還是同樣的，如果帽子相較鞋子的價值上漲），這意思是：相較帽子，有更多的鞋子被帶至市場。此時，鞋子就多至超過適當的數量。爲什麼呢？這是因在鞋子裡的某定量的勞動產出，不能與等量的勞動產出互相交換。但，正因爲這同一理由，帽子將不及適當的數量。這是因在帽子裡的某定量的勞動產出，可與在鞋子裡的等量以上的勞動產出互相交換。

　　就某一事例是正確的，則就任何事例也是正確的。因此，以下事件，一般來說是正確的。即：像一國的總需求與總供給，一定不能不相等；某特定物品的過度充盈供給（因此，交換價值跌至生產成本以下），不可能不同時帶來在其他物品相應的供給不足（因此，交換價值升至生產成本以上）。所以，供給過剩說，似乎已被毫無反駁餘地的嚴密推理擊破了。

　　讓我再說一遍要點。在此所假定的供給過剩（即總體的生產過剩），只有由生產的不斷增加才會出現。讓我們想像：

恰巧已經達到這樣的假想點；即：供給已達剛好充足狀態，任何過此的增量生產都將成為供給過剩。現在增量生產發生且被運至市場。其結果如何？此新產出，尋求等價物。換句話說，這是新的需求。則在與新供給等量的新需求被產生之時，如何能說：一切的新供給都是供給過剩呢？即使說：此新供給找不到購買者，或新需求找不到為此需求對象的物品，顯然都是無用的。為什麼呢？因為這只顯示：在個別情形，由於推測的錯誤，故可能產生過度充盈或不足而已。而且在此情形的自然結果，亦可容易逐一追溯，而提供決定性的證明。構成增量生產的物品，當然可以假定：是由早已存在於市場的若干種類物品而成。根據假定：早已存在於市場的財貨，是供需互相吻合的；任何種類的物品，都不會供給不足或供給過剩。這些財貨的若干種類，由新生產而增加，如果並不產生新的需求，這些財貨，就要過剩。這些財貨，較其他財貨，其交換價值下跌；其他財貨，比這些財貨，其交換價值上升。但是，新的需求，已經產生。這是因為：新產出的擁有者，當他為出售某種財貨而來市場時，他也是為購買別種財貨而來市場的。他們帶來某種財貨的供給，會使這些財貨的價值減少；同樣的，他所帶來對於其他財貨的需求，使其他財貨的價值上升。而其結果，現在同時有「其生產比往常不利的某種財貨」與「其生產比往常有利的財貨」存在，而且這不均等立刻有自動修正的傾向。這是對於一國的一切產出進行增量時的方式；而且，國富增進的一切階段，在從最大不足至最大過剩，顯然都是照此同一方式。當然以增量產出帶到市場的人，他帶來的是供給不足的財貨，他努力想購買供給過剩的財貨；是經常發生；市場的情

形，一般也使他能夠這樣做。故其結果，帶到市場的增量產
出，如果會成為供給過剩的原因，則同樣也可能立即矯正供給
過剩。

關於供給過剩的課題，馬爾薩斯（Malthus）的學說，整
體而言，似乎是這樣的；他說：「如果儲蓄以一定速度持續進
行，則資本的增加快過人口；又，如果資本是這樣的增加，則
工資將升高，而利潤乃相應低落」。但，這即使都被承認，也
不證明供給過剩的存在。只是證明另一事情：即，將帶來高工
資與低利潤。如作合理的假定，則幾乎連假定都不可能的這種
資本增加，無論好壞，確實帶來其本身的矯正手段；因為：資
本增加的力度乃隨利潤的減少而減少。

馬爾薩斯先生更說：「這樣形成的高工資，乃使工人階級
產生怠惰」。此種預言，是可反駁的。但，即使假定承認其是
正當的，它的旨趣為何？如果工資依然一樣，而所做的工作減
少，這是對於等量的勞動，而有較高的支付；因此，這與工資
的上升是一樣的。這只加促利潤的減少，早晚定使資本的增加
遲緩而最後終於停止；結果是，工資自然下跌。因此，這完全
是同樣的反駁，差別只是在於其形式不同而已。

如此一來，馬爾薩斯這個最大的人口增加尤大的資本持續
增加的論述，也完全不能證明供給過剩，這是以證明其他某結
果的議論，代替證明這種結果的議論。

他說：「如果年產出如此繼續增加，其**價值**會減少」。
但，這只是玩弄文字而已。他說：「我認為物品的價值，就是
相當生產它的若干日數的工資」。因此，如果工資漲至兩倍以
上，即使諸君加倍你們的物品數額，而所有的物品雖有兩倍，

你們仍只有更少額的價值。不過，用詞語義的任意變更，並不證明任何事情。事實與其間關係，馬爾薩斯或我，不論如何稱呼這些，都仍是一樣的。即事實仍然只是：社會將有該假定數額的物品及其一切的利益；又工資將很高。

馬爾薩斯更說：「這種資本的急速增加，有使生產減少的傾向」。生產賴以增加的，是資本及工人這兩生產要素的增加。根據馬爾薩斯由其自己所設的假定（他的推理是以此為據），這兩種要素都是以最大的速度在增加；然後他又說：「生產不以最大可能的速度增加」，這似是最異常的假定。

如果像馬爾薩斯所假定的高工資使勞動減少是事實，那麼，所謂每個人做更少量的工作（比每個人作更多勞動時），而生產量將更少，也會是事實。如果假定勞動的減少，隨著工資的增加，而逐漸進行，終至每個人只做過去一半的工作，則其結果如何呢？這只是：如果人口以其最大可能的速度增長，而於 20 年間增加一倍，那麼，專由勞動者加倍這一點看來，其生產量的增加不會比，如果人口在 40 年間增加一倍，而每人都加倍的工作，使生產量增加來得多。即使如此：除了非常稀少和異常情形，比起資本的增加速度，人口的增加還是更為迅速的。但是，如果勞動是這樣異常的高價，而且，如果資本是這樣的充盈，則生產儘少採用人類的勞動，儘多採用機械及家畜。為了找出取代最耗資的工具（按：指人工），將絞盡腦汁。機械乃被無限擴增和改良；年產出的極大部分是資本的成果；極少部分是直接勞動的成果。生產的減少，因此，乃與每個人勞動量的減少，不成比例。

所以，想像出來的結果，實不足取。否則，高工資有使

勤奮減退的傾向——這種推論，應推論至何種程度？這仍是問題。經驗似多在反方，在像愛爾蘭這樣工資極低的地方不存在勤奮；在像美國這樣工資極高的地方，勤奮有極大的表現。馬爾薩斯自己所謂：「市場的擴大對於勤奮是有刺激作用」，到底是什麼意思呢？

第四節　政府是如何消費的？

一切的消費，或出自個人，或出自政府。個人的消費，已經交待；餘下的，只是討論以政府為其源頭的消費。

由於政府的消費，只要是實際所需，那是極重要的；不過，除非是非常間接的，則無益於生產。因為資本的消費，乃由產出而恢復；但是，由政府所消費的，只是消費並不生產任何物品。固然，這種消費，成為保護的源頭，一切的生產，得在此保護之下進行；但是，如果其他物品，不依與政府消費不同的方法進行消費，則不會有產出。因此，政府的支出，被置於非生產性消費項下。

政府的收入，必定徵自地租、資本的利潤或勞動的工資。

固然，政府也可消費該國一部分的資本。但是，政府消費資本，只能進行一年或若干年，無法長久。每年政府消費資本的任何份額，乃使該年產出相應減少；而且，如果繼續消費，定使該國荒廢。因此，這不能視為收入的永久來源。

政府的收入，既然必須由地租、利潤、工資三來源中之一或多項中徵收，則唯一需要回答的問題，是應以何種方法？又按何種比例由此三者分別取得。

直接的方法，是最明顯被提起的方法。因此，我首先將考量；在政府由地租、利潤及工資直接徵收方法中什麼是最重要的；其次將考量在間接由地租、利潤及工資徵收所已採用方法中最值得注意的。

第五節　對地租的租稅

這是十分明白的，為了支應政府的經費而徵取地租的份額，對於該國的產業是沒有影響的。土地的耕作雖然是靠資本家，但資本家，如有資本的正常利潤，願奉獻其中。對於資本家，以其盈餘，或按地租的形式，付給個別的地主；或按收入的形式，付給政府的稅吏；這完全是無差別的。

過去某段期間，在歐洲，國王一般的經費，至少大部分是由其以地主的身分所持有的土地所支應的；其軍事行動的經費主要是由其所封藩主（barons）所支應的。對於這些藩主，在這種明言約定的條件之下，保證其擁有某部分土地。所以，在當時，政府的全部經費，除了某些不足取的例外，全是由土地的地租所支應的。

在亞洲的主要君主國，幾乎國家的全部經費，在任何時代，都是由土地的地租所支應的；只是其方法略有不同。土地，一般都被分為小部分，以永久的、可轉讓的所有權，為直接的耕作者所保有。但是，這些人每年都對政府的需求，負有支付的義務；而且，這種政府的需求，可由君王任意增加，極少有在地租金額以下的情形。

如果一群的人們，移居於一新的國家，而且，該處的土地

還未成為私有財產，則由以下理由，可視土地的地租，對政府的當務之急，是特別適合的資源。即：產業由於這種方法，絲毫不受壓抑；而且，政府的經費，毋須給任何個人任何負擔就可籌得。資本的擁有者享受資本的利潤，工人階級享受他們的工資，絲毫沒有扣繳稅捐；而且，各人以真正極有利的方法使用其資本；不受由租稅的有害作用所起的誘導，使資本由對國家更具生產性管道，移向更不具生產性管道。因此，保留土地的地租，以為國家急需的基金，是有特殊的利益的。

的確，即在土地尚未成私有財產的狀態，也有如下的不方便；即：在有某種範圍的土地，且有某種程度人口的國家，土地的地租可能超過政府必須支出的金額。無疑的，這種盈餘應按對國民的幸福最有貢獻的方式，分配於國民之間；但，除了將土地轉為私有財產，恐怕沒有方法可以有效達成這一目的。不過，像使帶有地租（此地租可以支應部分公共負擔）的土地轉為私有財產而無任何困難一樣，使帶有地租（此地租可以支應全部公共負擔）的土地轉為私有財產，似乎也無任何困難。唯在此時，更多的土地只是同等價值的財產。在這種情況之下，實踐會與在現在的情況之下一樣，正確的體現其價值；而且，顯然的，社會上一切事業，在其他任何方面都無變化在運作。

但是，在土地已成私有財產，地租卻未以特殊方法支應公共經費的地方（又在土地已按如此的條件買賣，而個人的期待已調適這種制度的地方），如果徵收地租，專門以此供給政府所需，這未免是不公平的。這是以國家的負擔徵自一群個人，而免除其他人們；乃是不一律和不公平的課稅。因此，這是任

何以正義原則約束自己施政的政府，絕不應考慮的處置。

不過，被買賣的地租，即許多個人的期待所在，而且，可以不繳任何特別捐稅的地租，是指現在的地租，或是指有可能改善前景的現在地租而言。既然如此，不論在買入時，或在為家族而作準備時，誰都不該抱有超出此範圍的奢望。譬如現在假設，立法機關可藉自己的（立法）行為，使土地產出中確實而且恰當的地租部分加倍，其他維持原樣，則在公正這點，毫無理由說立法機關，為了國家，不能利用自己的力量；又在權宜這點，主張可以利用這種力量的理由（即由此新基金之內，徵收儘量多必要的物品，以支應政府的開銷，可使國民免去任何負擔），則是存在。原來的土地擁有者，並不因此而有何損害。他的地租，不僅是他所已享受的，依然相同，甚至是他所期望享受的，大體上也是不變。同時，對該社會的每個人，都能帶來巨大的利益；因為他們現在對政府的經費可以免繳原先不得不繳的捐稅了。

即使說立法機關可握有（我現在只是虛構而來）的力量，也不算牽強附會。藉使人口數與對食物的需求增加的一切措施，立法機關確實增加土地的純產出，恰似由藉某種奇蹟似的法案（按：指前面所假想的）可使其增加一樣。立法機關，在現實上，是逐漸的進行，而在設想上，則依直接行動進行；就結果來說，兩者是一樣的。歸屬於擁有者的原來地租，如果他是買來的，則他當初即是以此地租的多寡而決定的；又如他是為家族作日後打算的，他也只是以此地租對他家族有利作依據來籌劃安排（不論其是由緩慢的過程造成的，或是由急劇的過程造成的），越過原來土地純產出所能增加的部分，這兩者是

很容易區別的。如果是由急劇的過程所造成的增額，對地主並無不公平，就能撥作國家的用途，且無法舉出理由，說由緩慢的過程所造成的增額不能同樣充當這種用途。

的確，隨著人口的增加，且資本以生產力逐漸遞減被用於土地，該國全純產出中，成為地租的部分逐漸增大，同時，資本的利潤則比例的減少。這種地租的繼續增加，是由社會情況所產生的，而與土地保有者本身的任何特別努力無關；因此，這特別適合撥作國家用途的財源；此事，似不亞於土地未被私有的國家其全部地租。土地保有者原來的地租，既然關於其本身（按：土地保有者）與其家族的一切計畫都必只以此為基礎，只要這種地租不被徵課任何特別負擔，那麼，他以毋須任何費用的新所得來源撥作國家用途，他也毫無理由可作不平之鳴。而且，如其果然，則此新財源，不論出於土地之上，或出於其他之處，這對此事的功過，顯然都是一樣的。

我不覺得我前述所得出的結論，和任何已被承認的立法原則，在觀念上有任何捍格之處。雖然我同意在執行上有困難，使得在許多情況下類似的課稅，不易推動。這些困難確實都落在正確分辨上，也就是被視為由過去立法賦予土地擁有者從土地得到的利益當量，如從地主取走是否有些不公平；以及某些事或許被認為超越該利益之上，因此，如保留供作國家之用對地主沒任何不公。

如果我們也與馬卡羅知先生[2] 一樣，假定土地所能生產的

---

② 參照大英百科事典補卷第 617 頁非常專業的租稅項。

物品，在假定的情況之下，根據過去的法律，全部都已給予土地的擁有者，問題就此打住。這是因為：關於不公平的課稅（即對某一階級的財產，較對另一階級的財產，課以更重的負擔），任何人都不可能比我更為明確的表達反對意見。目前年收益中的某數額以上，加上按常情推想，在若干年內脫手時可以預期的某些增加額（這兩項是該歸於土地擁有者的），但凡超過此兩項者，如不僅以技術上的觀點，而以真正公允的觀點來說，是否可以認為應該歸於土地擁有者，這一點才是真正問題所在。以上我所引介的各種考量似乎證明：將該辭之語意，照我的提議，作狹義解釋，毫不損傷該詞原有的效用。

我全不認同：馬卡羅知引介地租與資本的並行論（parallelism）；他認為資本的增量利潤（increased profits of stock）是不應課稅的，所以，由前所假定的方法而生的地租，亦不能正當的撥作國家之用。因為知道資本利潤與土地地租間的根本差異，莫過於馬卡羅知，所以，他竟以此兩者間並不存在的類同，為其議論的根據，是更令人驚訝的。

在同一章的二、三行之前，他承認地租與利潤間的區別。如照我的見解，這麼大的區別將是他議論的致命傷。他說：「在社會進步的時候，地租必然上升；這一事情乃使我們想到：對一個國家擁有廣大面積肥沃且尚未被私有的土地（例如美國），其政府將這種土地的所有權保持在自己的手裡，可是好政策」；換句話說，為供國家之用而保留地租，這是好政策。利潤不僅與地租不同，而且相反，社會進步時，利潤是下降而不是上揚。**土地的存在是自然的恩賜，資本則為人類勤勞的產物。土地本非任何人的財產，資本則必有擁有者。**資本的

利潤必須加以保證，使其擁有者有足夠動機去維持和增殖。地租交給誰，這對土地的維護，或對其產出的增加，毫不重要。事實是，利潤常是地租所由出的財源；在社會進步的時候，地租每有增加，必來自利潤的減少。

第六節　對利潤的租稅

對資本利潤的直接稅，並不帶來任何困難的問題。這完全落在資本擁有者的身上，不能轉嫁給社會其他任何部分。

對資本利潤直接課稅時，因為所有的資本家，是同等的受到影響，故對從事某種生產的人，並無「使其資本移向他種生產」的動機存在。如果他支付其利潤中的一定部分（由其目前所從事的事業所得的利潤中），則他也由「從其可以憑藉的其他事業所得利潤」，支付等額的部分。因此，這種租稅的結果，絕不會使資本由某種使用類別轉移到別種使用類別。所有種類的財貨，如果對其需求是不變的，仍被同量生產。就整體來說，其仍有同量的總需求，這也是一點即明的。同額的資本仍被用於生產事業，固然，資本家原有收入的一部分被徵收，將減少他這部分的購買手段；而被移轉到政府手中，使政府的購買力同程度的增加。

所以，既有同額的需求與同額的供給，而貨幣的數量與流通速度又與前相同，故貨幣價值也維持與過去一樣。

第七節　對工資的租稅

如果工資已至可以下跌的最低點，即工資僅足維持工人的人數而無多餘——這種工資情形，似爲李嘉圖論及政治經濟體各種論策所期待的；又因人口的增加快於資本的傾向，無疑的，我們不能不視之爲自然的狀態，則任何租稅，都不能落在工人身上。而且，如果任何租稅加在工資上面，定使工資相應上升；至於上升的情形如何，是容易追究的。如果工資已低到與保持工人的人數相一致的程度，則從這種工資，取去任何部分，都使工人人數減少。工人人數減少，必定帶來工資的上升，而且，這種過程一定會持續到工資回復至與保持工人的人數相一致的程度，換句話說，與徵收租稅以前程度恰同時，始能停止。

如果不在這樣的最低率，即工資仍足以給勞動者比維持其人數所必需的程度而有餘（換句話說，高到足可削減而不使工人人數減少的程度），則在此範圍，乃可課工資稅。

工資乃與其他任何物品的價格一樣，是對勞動的需求，比其供給增或減，而呈比例上升或下降。

在工資低到勉強只夠維持工人人數的時候，工資定按對其所課的租稅額而上升。這是因爲直到工資上升發揮效用爲止，工人的供給是在繼續減少。

在工資超過這一水準的時候，則對工資課稅的結果，也未必使工人人數減少。因此，（勞動力）供給的情形，無何變化。由此所得的結論是：如果對工人的需求並無增加，則此租稅的結果，工資不會上升；又如沒有工資的上升，則租稅一定

成爲工人的負擔。因此，對於工資的租稅，是否成爲工人的負擔這一問題，它的解答，是在追究有無這種需求的增加。

對勞動的需求增加，只能由兩種原因引起。即：或資本（作爲雇用勞動的基金）的增加，或對固定資本產出的需求與對直接勞動產出的需求其間比例的變化。

其中第一原因，是毋須任何說明的。我們進而追究第二原因的作用。因爲一國的需求是由多數個人的多數需求而成，所以一個人的事例，可以例示全體。

試假定一人，他有某定額的收入。爲使我們的考量明白起見，姑且以此爲每年 1,000 鎊；而這就是他的需求。假定：這被分成兩部分，一部分構成他對固定資本產出的需求，另一部分構成他對直接勞動產出的需求。且更假定：此兩者的比例，在不同的時候是不同的。現在，我們必須研究其變化的結果爲何？

假定：最初，他在此收入中，以 500 鎊用於固定資本的產出，以 500 鎊用於直接勞動的產出。

在此第一情況之下，他只購買物品。在此第二情況之下，他是購買物品或勞動；不論他購買前者或後者，都對勞動給予同樣的工作。假使某人一天製作一個籃子，諸君給他 1 先令，作爲對此的代價；或則，此人在諸君的庭園裡拔除雜草，而一天的工資爲 1 先令；在這兩種情況下諸君所提供勞動需求，乃是一樣的。消費於直接勞動產出的 500 鎊，是對工資合起年達 500 鎊的工人人數（姑且假定 1,000 工人）之需求。

假使：他支出另 500 鎊在固定資本製造的物品，純粹是用固定資本製造的（這雖爲想像的事例，但爲解說起見，我們

不妨如此假定）；此時，他收入的這一部分，完全對勞動沒需求。這樣被購買的物品，其價格完全是由利潤構成。這是過去消耗的勞動（按：指固定資本）的成果，它與現在勞動市場的部分，並無關係。

假定：此 500 鎊之內，有一半因其所有者的嗜好變化，從購買固定資本產出的物品，轉而購買直接勞動的產出。此時，發生兩件事情。即：對於 250 鎊價值的純粹勞動，發生新需求；對於 250 鎊價值的固定資本的產出，需求歸零。亦即：該國曾經產生 250 鎊利潤的這一資本，變為無用。這與利潤率的下降，全不相同。利潤率的下降，可能帶來兩類需求的這種變化，也可不帶來這種變化。總之，這是資本的損失。在此範圍，資本因為不為所用且不被青睞，所以對任何有用的目的而言就等於毀了。無獨有偶，在年 250 鎊的範圍之內，生產力也被破壞。這也未由任何新產出得到補償。因為：根據假定，工人的人數，是不增加的。從假定的收入中，用此 250 鎊新雇用的每名工人，就算沒有新的雇用（即資本縱使未被毀棄），原本都已被雇用了。

在 1,000 鎊收入的新分配之下，被資本家階級取去的同一數量，乃被給予工人階級。250 鎊，以前是被充作利潤，現在是被充作工資。只是如此，這就無絕對的損失。因為：他方的損失，乃為一方的所得。損失是來自當沒有新勞動被雇用，對於勞動的生產力（當然，也對其產出）無何增進；但一部分的資本未被使用，致損失其生產力，使該國的年產出減少。

在機械類（執行直接勞動的工作）被發明時，情形則相反。我們假定與以前同樣極端的情形：新發明的機械，無須勞

動的幫忙，執行勞動的各種機能（即其產出純粹是資本的成果）。假使有 10,000 鎊的資本，在最初完全被用於工資的支付；假定這 10,000，後來被用以製造可生產同量同種商品的機械。此時，原先取得 10,000 鎊工資的全部工人，乃被奪去其原來的工作。其結果，他們不是失業，乃是他們在市場上增加勞動的供給，而降低工資。此時，工人未必停止生產；他們仍與以前生產同量的物品。因此，機械的全部產出是新生產，是對過去年產出的增額。

　　但是，現試比較此兩情形；即 (1) 對固定資本產出的需求減少而對直接勞動的需求增加；(2) 對固定資本產出的需求增加而對直接勞動的需求減少。在第一情形，發生工資的上升與利潤的減少；只是如此，兩相抵銷。但是此外，在所有被廢棄的資本生產力的範圍，被取消生產；這是純粹的損失。在第二情形，發生工資的下跌與利潤的上升，只是如此，兩相抵銷。但是此時，在被創造的所有固定資本生產力的範圍，增加生產。

　　資本量雖無增加（在本考量中本不假設有資本增加的）而勞動需求可能增加的唯一情況，我們現在已經指明出來了，所以，現在我們可以進一步知道：在什麼的情形下，因工資稅的結果能產生對於勞動的需求增加，而使工人得免於租稅的負擔；又在什麼情形下，不得免於租稅的負擔。

　　在租稅高到像假設那地步時，工資稅的效果，將支配勞動及資本產出的部分力量，從工人階級，移到政府手中。在租稅向工人徵收以前，工人乃在其稅額的範圍內，對固定資本的作用及直接勞動的作用，有所需求。在其同樣的數額移到政府的

時候，政府同樣對固定資本的作用及直接勞動的作用，提供同量的需求。如果對固定資本產出的需求，與對直接勞動產出的需求，其比例在兩種情形是一樣時，則租稅的結果，對勞動的需求，將無改變；而全部租稅，將成工人的負擔。如果政府較原先工人對直接的勞動產出作出更多的需求，而對固定資本的產出作出較少的需求，則發生對勞動需求的增加以及工資的上升。這種工資的上升，是以利潤為犧牲，對工人算做租稅的補償。但，這對被廢棄的資本原可產生的所有產出價值的損失沒有補償。

但，如果再正確的說，這種工資的上升，並非工資稅的效果。這是來自與此非常不同的源頭，政府支出特殊性質的後果。因此，我們在討論「工資稅會增加或減少對勞動的需求」的後果時，對於那種「有時跟著發生、有時並不跟著發生」的例外情形，應置之考慮以外。工資稅唯一實質的效果，是從工人手中取去與該稅的相同數額，這與利潤稅是從資本家取去與該稅的相同數額、地租稅是從地主取去與該稅的相同數額，是一樣的。

對此問題，更要承認：對直接的勞動作出更多的需求，對固定資本的產出作出更少的需求；因此使工資上升的政府支付，它的效果，在租稅課於利潤或地租時也同樣發生。如果租稅不論課於任何收入的來源，皆屬政府支出的效果，則對工資課稅，只是使工人收不到工資上升的利益（否則，他可享受其全數利益）。因此，在此意義上，同時也考慮到一切，租稅顯然真的成為工人的負擔。

本節的要旨，可以簡述如下。在課稅前，對勞動，已有

一定的需求存在。而且，這一部分是由地主的基金，一部分是由資本家的基金，又一部分是由工人的基金而產生。而在課稅後，前兩者仍舊一樣。但是，由工人的基金所產生的需求，乃被減少。如果這種需求的喪失，未有補償，則工人因租稅的結果而受到兩種弊害：他支付租稅，且他的工資下跌。在實際上，他並不承受此兩弊害的第二弊害。這是因為：在工人方面的需求減少，乃有彌補。在政府方面的需求增加，正等於工人方面的需求減少，這不使工資下跌。但是，也只如此而已，這不帶來租稅的補償。

第八節　對所有收入來源造成平等負擔的直接稅

核定稅（assessed taxes）（按：據 R. H. Inglis Palgrave 編「政治經濟體辭典」，核定稅是對「房屋、馬車、僕役、乘馬、拉車馬及競賽馬」的租稅）、人頭稅與所得稅都屬此稅種。由前所述，不難知道：這在各情況，是由誰負擔。

這些租稅，只要是由其收入來自地租的人，或其收入來自資本利潤的人所支付，則租稅的負擔，乃以這些階級為限。由於這種租稅，並不發生新增的需求；所以，地主既不能使其地租上升，資本家也不能使其物品的價格高漲。

就工人來說，上面所說的結果是因情形而異。如果他的工資已在其最低率，則此租稅的任何部分，都不能成為他的負擔。他的工資將上升，其分擔額轉嫁給資本家。如果工人的工資夠高，他將分擔。

這幾種租稅對物價的影響，是容易予以確定的。地租

稅，將不使任何物品的價格發生任何變化。地租是價格的結果，結果不能影響原因。利潤稅，雖使價格變動，但此只是有似工資稅使物價變動而已。

工資稅，乃有兩種可能，即：或使工資上升或不使工資上升。在不使工資上升時，幾乎不能想像：任何物價的變動發生；也不能想像：全國的資本受到任何變動。當然，也不能想像：產出的數量受到任何變動。如就需求來說，屬於工人的部分購買力，雖從他們取走，但從他們取走的，全被移轉給政府。政府也許向國外輸送租稅的總額。但，如果我們假定：政府向國外輸送財貨，則顯然不會產生任何物價的低落。而且，即使以此向國外輸送金銀塊，長期來說結局也是一樣的。因為：此舉在金銀塊市場造成的缺口，自會予以補充，所以，財貨一定為了購買金銀塊而向國外輸送。金銀塊的輸出，如果減少貨幣的數量，則將引起價格的暫時下落。但是，在其他任何情形之下，同一結果將由同一原因而出現。

其次，在工資上升的時候也可看到，全國的資本與產出、需求與供給的數額以及貨幣的價值，恐怕卻依然相同。因此，總體的物價，由於一方與另方的互相抵銷，而仍相同。固然，每逢工資上升而利潤下跌，某些物品的相對價值，必然發生變化。即主要靠固定資本生產（此時，幾乎毋須支付工資）的物品，比幾乎或完全毋須固定資本（此時，直接的勞動是其生產的主要工具）的物品，其價格更下跌。但是，因為兩組物品的一方，如其價格下跌，則另方價格上升，所以完全相抵；兩者的價格，一經加總，即其中間值，都仍與以前一樣。

在一般且粗俗的用語上，以「收入」（income）的名稱

所包括的數種財產，它的差異也是很大的。此事乃產生「對
所有的收入，課以同一稅率，是否公平」的問題。但是，應以
怎樣的比例徵收租稅，這與其說是政治經濟體的問題，毋寧說
是普遍政策的問題；關於租稅，可歸納爲以下兩問題。第一問
題是：年產出的三項原始份額（即地租、工資及利潤）中，租
稅爲何者所負擔？而第二問題是：這是否對生產發生不利的作
用？但是，此一問題，因相關政治經濟體的書籍，一般都有論
述，故在此指出其解答的方法，也是適當的。

　　如就這一問題來說，收入的主要區別，似乎在這些收入
的價值。所有的財產，除了微不足道的例外，都可視爲收入。
但是，收入的價值，依存於兩件事情。即第一是依存於所謂收
入額（例如，每年 100 鎊或每年 1,000 鎊），第二是依存於收
入的永續性與確定性。例如，某人的財產價值，如果他是年收
1,000 鎊，則十倍大於其收入 100 鎊時之價值。但是，這只有
在其永續性與保障性相等時才如此。因爲：如果年 1,000 鎊，
只是持續幾年，而年 100 鎊則可以永續保障，則在兩者中，年
收 100 鎊，是更有價值的財產。如在徵稅的時候，財產應當按
照其價值要素之一來預估，不該按照其全部價值要素，這是沒
有十分確實根據而不應認可的說法。

　　租稅爲何要等比於收入額？爲何年收 1,000 鎊要比年收
100 鎊課以十倍的租稅？因爲他可負擔得起，這是推定這是一
項旨在對財產依比例課稅，卻遺漏一個基本要素，此舉是極
其錯誤的，如果此舉本身是依理得出，那必須也要是正確的得
出。若是如此，理應包括兩種價值的要素。

　　假定：某人的收入 100 鎊，是其土地的地租；另一人的收

入 500 鎊，是其職務的薪俸，這種薪俸不僅與其生命與健康有關，且在某種程度上也與其雇主的高興有關。前者將值 30 年的年收，後者則在某種情形之下，只值 6 年的年收。這兩人的財產，其眞正的價值，在此情形，是相同的；如以「對於等額的財產，課以等額的負擔」這一原則，那麼，對這些財產的租稅，應當是一樣的。

固然，如果等比於收入額的租稅，由 100 鎊繳納 30 年，而由 500 鎊繳納 6 年，則租稅額是相同的。但是，這就課稅的原理來說，難免遭如下的反駁。即：這未考慮個人與個人的感情（這是必須加以考慮的）。

我們必須從另一觀點考量問題。其收入爲 100 鎊地租的人，他的享用期間，與其收入爲 500 鎊薪俸的人，他的享用期間，也可能是同樣的短暫；前者的生命，也可能不比後者的薪俸值有更多年數的年收。

如果由這一點來看，無疑的，所有的收入，都可視爲依個人的生命長短來衡量。

確實也可說：收取地租的人，他的收入可以傳給其子孫，同樣的，領取薪俸的人，他的收入，亦可傳給其繼任者。嚴格來說：兩種收入，都同樣是永久的。地租如在一脈相承的涓涓細流，薪俸也是如此。因此，如果地租按某種稅率課稅，而薪俸按別種稅率課稅，則被課稅的收入，就有兩種同是永久的水流；而其課稅程度不同，即一方重他方輕。

上面的說法是正當的；這種不同的唯一理由，是在繼承的人不一樣而已。在來自土地或資本的收入，這是傳給某人的孩子們、給某人最親愛的人。然在薪俸，這是傳給予此人毫無關

係的人。這個理由是否充分，是需要考量的。如就每個人的感情與幸福而言，他們的收入，在其死後，傳給其孩子們，還是傳給其職務或職業上的後繼者，這當然會產生很大的不同。如從這一點來說，則在徵收租稅的時候，當注意相應的不同，這似為所有優良的法律原理所要求的。

但是，有人說：這是趨向財產平等化的一步。這是為了增加收入的擁有者、其子孫的收入，而減少永久收入的擁有者、其子孫的收入。這與按收入的程度提高相應稅率的情形（例如：在對貨物課稅時，對年 1,000 鎊的人，比對年 100 鎊的人，課更高的稅），同樣應受反駁。這將減少更多積累的價值從而降低儲蓄的動機。這種主張是否有充分的根據，必須加以研究。

產生公平作用的租稅，須使各不同階級納稅者的相對條件，在課稅後，也與在課稅前，是一樣的。就有關國家政務所需金額來說，這才是真正的分配原理。

困難就在於如何在不同永久性的收入，決定什麼是維持相對條件不變的呢？

一個人對孩子們的期待，成為上述相對條件的一部分，是極明白的。如果租稅對兩階級發生作用，而其結果，使一階級孩子們的條件，比其他階級孩子們的條件較沒有租稅前低落，這不是維持此兩階級的相對條件不變。

假定一方是地租，他方是薪俸，各有年 1,000 鎊收入的兩人；而薪俸則值 15 年的年收。又假定：領取薪俸的人，為了替其孩子們準備，而儲蓄二分之一；收取地租的人，則支出全部。此時，如就支出而言，領取薪俸的人，對另一方的人

（按：指收取地租的人），是處於收入減半的相對條件。

其次，試研究這對孩子們的情形如何？年額 500 鎊 15 年複利儲蓄，譬如說：會達 10,000 鎊。這一金額的 5% 利息，將對原來年領 500 鎊薪資者的孩子們，提供永久的收入。一方面，收取地租者的孩子們，則將獲得 1,000 鎊。這樣，如果父親的條件是處於領有一半收入者的條件，則孩子們的條件，也是如此。

因此，如果對一方的人，課稅的稅率，高過對他方的人二分之一，則屬被課高稅，是完全明白的。我們假定薪俸值 15 年的年收；一方，地租假定值 30 年的年收；則其比例，也為二分之一。因此，這點出一法則，即：如果某一收入值另一收入二分之一年數的年收，則只有二分之一應當課稅；如果這值三分之一，則應當課稅三分之一，以此類推。

也許有人說：如果靠薪俸生活的階級，即使他們的負擔超過其應然分擔額，也會自動調整到平衡；因為：一旦境遇變為更不利，則進入這種境遇的人們將會減少，工資就可上升。這不能平息上面所提的反對論。因為：第一：事態的進行只使其恢復而已，為使達到這種恢復，何以法律必須擾亂自然的比例？第二：恢復均衡，在這情況下是很緩慢的。要靠薪俸生活者的減少來提高其條件，乃非得經過一世代不可。因此，整個世代，未免被犧牲了。

第九節　對特殊物品，或對所有物品平等徵收的貨物稅

貨物稅可能會影響某特別種類的物品或對所有的物品產生同等影響。

在租稅只對某特殊物品徵收時，則此物品的價格或交換價值上升，商人或生產者得回塡爲租稅所墊付的款項。如果他不能回塡這種款項，則他勢必比其他的人吃虧，因而中止其買賣。總之，因爲租稅被附加於財貨的價格上，所以，這全成爲消費者的負擔。

在租稅等比於物品的價值而課於所有的物品之時，乃有下述的不同；即任何物品，在交換價值上，換句話說，在與其他物品的比較上，並不上升。假使 1 碼的廣幅布料，其價值等於 4 碼的亞麻布，各按價值額的 10% 徵稅；則 1 碼的布料，仍等於 4 碼的亞麻布。

對所有物品的*從價稅*（ad valorem），有使物價（即所有物品在與貨幣的關係上的價值）上升的效果。

社會的成員，各以與前同量的貨幣，來到市場。但是，以前付給生產者之手的貨幣，其十分之一，將被移轉到政府。不過，這又立刻從政府本身或從政府將此交給其他的人，用於購買。因此，這一部分，在課稅以後，比在課稅以前，只多一次入於生產者之手。在租稅被徵收以前，這曾一次性由財貨購買者之手而入生產者之手就止住。即在租稅被徵收以後，這同樣入於生產者之手但不就此止住。這會由生產者轉到政府，然後，再由政府回到生產者之手。

　　生產者們如此一來，對他們的財貨，不僅像以前一樣，取得該國貨幣完整的十分；他們在以前，只是一次取得其十分之一，現將取得兩次。這與他們取得十分之十一，或與該國貨幣增加十分之一，完全相同。因此，貨幣的購買力乃被減少十分之一；換句話說，物品的價格，上升了十分之一。

　　此時，租稅成為誰的負擔就十分明白了。購買者帶來與以前同量的貨幣。但其貨幣的購買力，因被減少十分之一，所以，他們只能獲得比以前少十分之一的物品。租稅，當然，成為購買者的負擔。

　　以上論點，在我非常尊敬其判斷力者的內心，並不產生像在我自己內心同樣的確信，所以，我將藉盡可能簡單的事例，使其更為明瞭。

　　假定：有一 10 人的社會，只有肉類與麵包兩種物品。假定：在此 10 人中，其中 5 人是有可脫手的 5 塊麵包，另 5 人則有 5 磅肉類；而一塊麵包的價值則等於 1 磅肉類的價值。交換的進行，像在更複雜的情形之下一樣，假定是靠貨幣的介入。而且假定：盡可能簡單，全部的財貨是對全部的貨幣交換；換句話說：全部財貨的一次交換，乃靠貨幣的一次作用而進行。如果每塊麵包是值 10 便士，而且每磅肉類也是如此；則在此假定之下，持有 5 塊麵包的 5 人，是有 50 便士；而持有 5 磅肉類的 5 人，也有 50 便士。

　　顯然的是：5 塊麵包所有者為了購買 5 磅肉類而拿 50 便士去市場，對此，當按每磅 10 便士的比例支付；為了麵包而去市場的肉類所有者，對此，也當按每塊 10 便士的比例支付。如果我們假定：麵包與肉類的生產是被不斷更新的，則同

一貨幣價格的同一交換，顯然將永久進行。我想，以上都是清楚的。

　　現在，假定政府對於這些貨物課稅 10%，則試仔細觀察會有怎樣的事情發生？在最初的一塊麵包按 10 便士出售時，所得的 10 便士中，1 便士乃由賣主付給政府；又在 1 磅的肉類出售時，所得的 10 便士中，1 便士同樣付給政府。至所有物品的一次交換完成時止，已有貨幣的十分之一付給政府。政府取到了貨幣，就即以此去市場購買同樣的財貨。以前的購買者，帶來以前的全額貨幣（即 100 便士），此外，政府還帶來了十分之一。因此，對於以前支付 100 便士的同量財貨，現則支付 110 便士；於是，證明：財貨的價格，是按租稅率而上升。理由是：在完成財貨的一次交換時，以前只有一次作用的一部分貨幣，現在乃有二次作用。

　　我們即使假定：流通速度加大；每枚貨幣爲了完成全部物品的一次交換，必須進行 10 次的作用；事情也是完全一樣的。必須注意：這是流通速度一詞的唯一正確意義；這是流通速度影響貨幣價值時的唯一意義。因此，此處使用此語乃嚴格照此意義。如果我們假定：爲了進行全部物品的一次交換，而貨幣必須交換 10 次，則如前所說明，顯然貨幣每次精確的與十分之一的財貨互相交換。現在假定：麵包與肉類，比前所假定的乃多 10 倍，是 50 個麵包與 50 磅肉類，而貨幣依舊一樣；但在全部的一次交換中，進行 10 次的作用。這情形是非常明白的，在全部財貨由貨幣的一次作用而交換時，如果租稅的結果，在全部財貨發生像我們剛所說的影響，則現在將在由貨幣的一次作用所交換的十分之一的財貨上發生。此十分之一的財

貨的貨幣價值上升十分之一，而各十分之一也同樣的上升；所以，必然的結果是全部也同樣的上升。

第十節　對土地產出的租稅

　　對土地產出的租稅，例如：對小麥的租稅，乃與其他物品的價格一樣，促使小麥的價格上升。因此，這既不是農場主的負擔，也不是地主的負擔，而是消費者的負擔。農場主的處境，是與其他任何資本家或生產者一樣；我們已經充分知道：貨物稅是怎樣由生產者轉嫁給消費者。

　　地主也同樣免此負擔。我們已經知道：用在土地的資本，它的報酬，只是帶來資本的正常利潤。產出的價格，必須足夠帶來這種利潤，否則，資本就將退出。如果租稅加在產出的上面，而向耕作者徵收，那麼，當然，產出的價格一定上升，至足以抵補這種租稅。如果租稅是賣價 10% 或某其他的稅率，則穀物的價值就非按十分之一或某其他的比例上升不可。

　　此時，容易知道：租稅的任何部分都不成為地主的負擔。這與以現物支付產出的十分之一，是一樣的。此時，顯然是少十分之一的產出付給地主。但，這因在價值上漲了十分之一，所以，這對他的補償是足夠的。他的地租，在產出的數量上雖然不同，但在價值上卻是一樣的。

　　如果租稅不是按照價格而變的貨幣租稅，而是對每蒲式耳或對每夸特固定課徵若干貨幣租稅，地主的貨幣地租，還是一樣的。假使如上所述，毫不產生地租的土地或資本，一共生產 2 夸特，而產生地租的土地或資本生產 6 夸特，則在此時，4

夸特是地主的份額。假使每 1 夸特的租稅爲 1 鎊，則穀物一定
是每夸特上升 1 鎊。在租稅徵收之前，農場主已對地主付 4 夸
特的價格。在租稅徵收之後，他付給地主每 4 夸特的價格，就
要每夸特扣除 1 鎊，以抵銷他所付的租稅。但，穀物則每夸特
上升 1 鎊。因此，他對地主所付的金額，是與以前一樣。

第十一節　對農場主的利潤與農業用具的租稅

如果租稅向農場主的利潤徵收，而不向其他任何生產者階
級的利潤徵收，則其影響如下。

第一：這將使原始產出（raw produce）的價格上升；因
爲：原始產出的價格，是由資本的產出所決定的；這種資本的
產出是不付地租的，如果徵以租稅，則與其他任何課稅物品一
樣，爲了補償生產者，乃必上升。

這種價格上升的結果，將使地主的地租增加。假使：此
時，資本用於土地達三等級的生產力，則最具生產力的部分
生產 10 夸特，第二生產 8 夸特，而最後生產 6 夸特。在這些
情況之下被耕作的土地，其地主是按穀物 6 夸特的比例取得
地租。其中，4 夸特是由第一部分所出，2 夸特是由第二部分
所出。假使對穀物徵收租稅，使其價格上升 5%，則地主的收
入 6 夸特穀物，雖與以前一樣存在，但此 6 夸特的價值，提高
5%。因此，地主的地租增加 5%。

此一情形，與前節所論的情形兩者間的不同，是在於在農
場主的利潤被課稅而地主取得產出的部分未被課稅。

對農業用具的租稅，與對農場主利潤的租稅，事實上是同

樣的。這使產出的價值上升，而對給予地主的地租數量並無影響。例如：對農業役馬課稅，恰似對煤炭的租稅，使鐵匠的生產成本增加一樣，這使農民的生產成本增加。這種費用，農場主只有由產出價格的上升而獲得補償。但其資本的不同部分所生之 10 夸特、8 夸特及 6 夸特小麥量，不受影響。6 夸特的小麥，其爲地主的地租，乃與以前一樣。因此，不僅租稅的全額是消費者的負擔，他還負擔其他付給地主的增額地租。社會之被課稅，一部分是供政府之用，一部分成爲地主的利益。

第十二節　十分之一稅及救貧稅

十分之一稅（tithes，即什一稅），是對土地產出所課的租稅；也有收足十分之一的，也有並不如此的；總之，是徵收產出的十分之一。

因此，這種租稅的作用，已經說過；它使產出的價格上升，完全成爲消費者的負擔。

如果救貧稅（poor rates）是等比於利潤而對農場主、製造業者及商人所徵收的，那麼，這只是對利潤的租稅。如果是等比於地租而徵收的，那麼，這只是對地租的租稅。如果是對房租而徵收的，那麼，這將轉嫁於居住者，而成爲對收入的租稅。這根據其被徵收的方式，部分是由這些來源所徵取。如果這是不等比的加諸資本家某一階級的利潤之上，那麼，這階級就會取得補償（compensation）。如果農場主們，像平常所想像的，爲了貧民的扶養，較別的生產者支付較高的稅金，那麼，這超額部分一旦持續，等於對他們分離和額外課稅。但

是，分離稅（seperate tax）如果加諸農場主，我們已經知道，這立刻發生使小麥價格上升的作用（上升到足以補償對他們的租稅），且使地主的地租高漲。這對地主，乃是利益而非負擔。

使小麥價格上升的一切租稅，有一效果，值得注意。因為某一定量的小麥是工人的生存所必需的，所以他們的工資非足以購買此數量不可。因此，工資常是隨此數量價格的上升而上升。但是，我們已經知道：利潤乃按工資上升的比例而下跌。所以，對小麥的租稅，影響所有的消費者。這對資本家，則有兩種作用的傾向。第一：這是對他們身為消費者的租稅；而且，第二：這對他們的效果，常與對其利潤的租稅一樣。

第十三節　對每英畝土地的租稅

我們已經考量：徵收於土地而等比於地租的租稅，其作用為何？徵收於土地而等比於產出的租稅，其作用為何？以及徵收於土地而等比於農場主利潤的租稅，其作用為何？第一是對地主的租稅，第二是對消費者的租稅，對地主並無影響；第三是對消費者的租稅，而給予地主利益。租稅，也有按每英畝若干稅額而對土地徵收的。

這項租稅的作用，如果僅對已耕地課徵和對已耕地及未耕地兩者課徵，是完全不同的。

如果對已耕地及未耕地課徵租稅，不會提高產出的價格，全由地主承擔；如果只對已耕地課徵，勢必會提高產出的價格，全由消費者負擔，且增加地主的地租。

我們已經知道：用在土地的那部分資本，對它的報酬，只

夠資本的正常利潤。如果對於生產成本有何追加，則必須藉價格的上升，予以補償。如果對於這種成本毫無追加，則價格將不受影響。

如果不分耕地及未耕地，按每英畝若干的稅額，徵收租稅，則對生產成本，將無任何追加。部分資本用於土地，而不生產超過資本的正常利潤，當然，也不產生任何地租，這可分為兩種情形，其一是：兩次或兩次以上的資本，已投在收穫逐漸遞減（收穫都比前次減少）的土地，而現在（因新稅的緣故），要用到第三或第四次的資本；其二是：在第二或第三等肥沃程度的土地已經用盡，乃不得不耕作更劣質的土地。

在第一種情形，在同一土地投下任何連續資本時，每英畝的租稅，對生產成本無何影響；這是立刻可以明白的。當只投第一次資本，租稅已經支付。因此，產出的價格，一經高到足以支應其全數的利潤，則第二次的投資，是農場主的利益，毋須扣除利潤作為已繳付的租稅。

在過去未耕種的新劣質土地使用資本時，也得到相同的結論，在這情形下，如果租稅前此已繳付，當產出一經高到足對耕作所需的資本給予利潤，則地主就有開墾的興趣。

在租稅只課於耕地時，隨著資本由比較肥沃的土地（以前已經耕作的），投向較不肥沃的土地（以前尚未耕作的），租稅也同樣的立即課徵。由此收獲的產出，不僅必須帶來資本的正常利潤，且還須帶來地租。這種土地，非至其產出的價格高到足以帶來這種累積的報酬時為止，將不被耕作。因此，租稅乃被包含在價格之內。

就地主而言，其結果是有利的。假使第三等肥沃程度的

土地是目前逐次耕作，而最後到達的土地；這種土地每英畝生產 2 夸特；第二等肥沃程度的土地則為 4 夸特，而第一等肥沃程度的土地則為 6 夸特。此時，顯然，每英畝的 2 夸特，是產生租稅與對農場主的報酬（的部分）。因此，地主可由第二級的 1 英畝獲得 2 夸特，可由第一級的 1 英畝獲得 4 夸特。他在兩種情況下，即在徵收這種租稅與不徵收這種租稅的時候，同樣得到這一數量的產出。但在徵收租稅的時候，價格上升，他每夸特的小麥，具更大的價值。因此，這種租稅，是犧牲消費者，不僅為了政府增加每英畝若干的稅收數額，而且為地主提高了更大的利益。

第十四節　對財產移轉的租稅

對財產移轉（transfer of property）的租稅，乃有數種。例如：對於買賣的印花稅、遺產繼承稅、對財產轉讓時所必需的證書稅以及其他性質相同的租稅。

凡為勞動與資本產出的任何財產，對其買賣的租稅，都成為購買者的負擔。因為：生產成本，包含資本利潤，連同租稅，必須一起回收。

對於土地（這是生產的來源之一，但非勞動與資本的成果）移轉的租稅，乃是販賣者的負擔。這是因為：購買者考慮以其資本用在別的方面，將可得到怎樣的利益，如果對他而言土地不帶來與此同等的利益，他就不願以此與土地互相交換。

遺產繼承稅（legacy duties）及贈與稅，其為受領者的負擔，那是顯然的。

第十五節　訴訟稅（law taxes）

對於訴訟手續的租稅，主要是對審判事務所用各種文書，以印花的形式課徵，與對訴訟程序各種處置及附帶事項以手續費形式徵收。

這些租稅之為原告（suitors）的負擔，這是顯然的。又同樣明確的是，這些租稅是對要求裁判的租稅。

要求裁判乃有兩種情形；即對某種權利歸屬於兩者中的誰產生疑問，或某人的權利受到侵害而要求補償。

一個人，因為他有一種權利（這種權利對他不幸是在糾紛中），所以對他課稅，這沒有是否適當的爭議；不過，如果因他受不公正侵害而對其課稅，這是最不適當的。

所有這種租稅，很清楚的，是侵權賠償（redress of injury）的障礙。只要某些事情正妨礙侵權賠償，這是助長不公正。因此，對裁判的租稅，是對不公正的獎勵。

第十六節　對貨幣及貴金屬的租稅

對貨幣的租稅，除了在其鑄造的時候，或在金銀塊最初獲得的時候，不便於徵收。如對金銀塊徵收，或在金銀塊由外國輸入的時候，或在金銀塊由礦山出產的時候（若在國內有礦山）。

對貨幣鑄造的租稅，實際與過去稱為鑄造費（seignorage）者為同一物。這是對鑄幣支付多過鑄幣本身所含金銀量的若干差額。

　　在通貨全由金屬構成的時候，這種租稅的成果是顯然的。如果鑄幣內所含的金屬，它的價值不超過金銀塊租稅的數額，則誰都不拿金銀塊來鑄造。因此，通貨的價值上升，換句話說，變為通貨形狀的金屬，其價值上升，直到其差額等於租稅的數額為止。

　　這種租稅，它有特別的性質，不會成為任何人的負擔。這不是拿金銀塊來鑄造者的負擔。因為：只有在鑄幣的價值等於包括租稅及金銀塊合起來的價值時，他才拿來鑄造。這也不是以鑄幣為交換媒介者的負擔。因為：這些鑄幣，對於他們，是與包含可與這些鑄幣互相交換的全部金銀塊，具有同樣價值。

　　因此，這是在其應受特別限制的許可範圍內常可實施的租稅。所謂其應受的限制，是私鑄的誘因。如果租稅提高到足以抵償貨幣偽造者的費用與敗露的風險，則勢必發生私鑄。

　　在黃金與紙幣同時流通的國家，紙幣常會影響鑄造費的成效。

　　儘量使大量的紙幣流通，這是紙幣發行者的利益。他們可以繼續增加其數量，直到拿紙幣向他們兌換鑄幣成為這些紙幣持有者的利益為止。

　　只有在融解有利潤可圖的時候，拿紙幣到銀行兌換鑄幣，才有利於紙幣持有者。鑄幣，沒有額外溢價而與紙幣一起流通，則其價值總是不會高過紙幣。但是，如果紙幣大量發行，而使通貨的價值減少，那麼，也許使鑄幣中的金屬變為金銀塊，比作為鑄幣更有價值。為了這種利潤而融解，是持有人藉著可任意與鑄幣兌換對紙幣數量之唯一抑制。

　　如果鑄幣是以收鑄造費發行，而且鑄幣中的金屬，比融成金銀塊的金屬，具有更大的價值，那麼，這種鑄幣，只有當

通貨額控制在某一限度時，可以維持其價值；這是極明白的。故在紙幣不加限制而過量發行時，這種限度，就被移除。發行紙幣，增加通貨量，至鑄幣中的金屬，先與金銀塊的金屬同其價值，接著是低於。到了這一地步，爲了融解而向銀行要求鑄幣，就成爲個人的利益。此時，收縮其發行，這成爲銀行利益。

　　但是，有一非常簡單又有效的措施，可以作爲預防紙幣通貨的這種影響。這是「銀行對其鈔券，隨持有人的選擇付以鑄幣或金銀塊」的義務。假使 1 盎司的黃金，扣去 5% 的鑄造費，可以鑄造 3 鎊，但發鈔銀行在要求兌現的時候，不僅必須支付 3 鎊的鑄幣，如果有人希望，也必須支付 1 盎司的金銀塊。此時，顯然，防止通貨價值的下跌，乃是銀行的利益。如果通貨的價值，維持著 3 鎊的紙幣眞是等於 1 盎司金塊的價值，則銀行對此，必須給予 1 盎司的金塊，這亦無任何損失。如果通貨的價值下跌，3 鎊不値 1 盎司的金槐，則銀行損失。這項對於紙幣發行的抑制，早已運作。

　　對一般貴金屬的租稅（課於輸入之時或由礦山採出之時），如果這種金屬日後是用於一般用途或裝飾，那將成爲消費者的負擔；但如這種金屬，用做通貨，這將不成爲任何人的負擔。

　　這將提高金屬的交換價值。但是，較少量的高價金屬，其爲交換媒介的便利，勝於較多量而價值更少的金屬。因此，由這種來源，儘量多徵的（租稅），這是有利的。但（貴金屬本是）在小容積之內含有大價值的物品，不論攜帶或隱藏都屬便利，這使它成爲不能課徵許多（租稅）的來源。在徵收非常輕微的租稅之時，非法的輸入仍是不可避免的。

即使在輸入之時或由礦山採出之時對貴金屬的租稅，也像對某物品的其他一切租稅一樣，雖最後終成消費者的負擔，但這並不如此直接。課於某物品的租稅，能使生產者轉嫁其負擔給消費者，是因他們能藉減少供給而使價格上升。大多數物品的使用量，是被很快的消費完畢。因此，所需的年供給乃與使用量保持很大比例的落差，如果這被壓住，或只一部分被壓住，供給大爲減少，使其價格大爲上升。這情形，在貴金屬則不然。即使年供給全壓住，在相當長期間，不會與使用量有多大的缺口。因此，這時對價格，幾無影響；在這一段期間裡，金屬的販賣者，將得不到補償，而租稅多少將成爲他們的負擔。

同一看法，對房屋與其他一切的物品（其使用量對年供給的比例較大），也可適用。

第十七節　物品課稅對貨幣價值及資本使用的影響

資本的最有利使用，是在以資本由一用途轉於另一用途而毋須任何勸誘手段之時。資本的最有利使用，是在資本自然引向給其擁有者以利益之時。

假使寬幅布料在英國爲 1 碼 20 先令，而亞麻布（如在國內製造）則爲 1 碼 3 先令；反之，如在德國，則亞麻布 1 碼爲 2 先令，寬幅布料（如在德國製造）1 碼爲 24 先令。

在這情形之下，很明顯英國不以其勞動用於爲本國製造亞麻布，而用於爲德國製造寬幅布料是對英國有利；德國不以其勞動用於爲本國製造寬幅布料，而用於爲英國製造亞麻布。

在英國生產 1 碼寬幅布料的等量勞動只能生產 7 碼亞麻

布。但在德國 1 碼寬幅布料可買到 12 碼亞麻布。因此，英國藉由輸出寬幅布料來交換亞麻布就賺到 12 碼和 7 碼亞麻布之間的差額。

如在英國，對於寬幅布料課以租稅，而使這種布料的價格上漲到 24 先令，則其結果如何？

第一：顯然是寬幅布料無法向德國輸出。但是，因為亞麻布的價格，在德國尚低，所以，這就輸入英國。為了這種支付，貨幣將代布料向國外輸出。因此，貨幣在英國乃較前減少，而物價下跌。反之，在德國，則貨幣較前充盈而物價上升。因此，亞麻布的價格太高，將不能輸入英國。除非在此期間，在英國，貨幣價值增加的結果，其他某種物品低廉到可以輸出的程度。在前一情形之下，英國因對本國的寬幅布料課稅，其由德國獲得廉價亞麻布的利益乃告喪失，逼得必須自行生產。在後一情形之下，英國被逼必須輸出其他物品（依照假定，它的生產條件，比英國前項物品尤為不利），以與亞麻布互相交換。

這樣一來，因為對於寬幅布料所課的租稅，英國國民不但要付對於寬幅布料的租稅，而且對其亞麻布，必須有更多的支付；他們顯然將為此遭受損失。

這種租稅對物價的影響，乃使寬幅布料的貨幣價值上升到某種程度，但不到租稅的全額，其他一切物品的貨幣價值下跌；因為一部分貨幣被運至國外，至少不會永久使毛布的價格上升到租稅的全額；又因這種貨幣的流出，將使貨幣的價值上升，所以降低其他一切物品的價格。

如在租稅課於寬幅布料之時，規定輸出之際退還全部稅

款，則與德國的貿易，將無變化。英國的寬幅布料，乃與以前同樣條件，輸向德國，而亞麻布則被輸入。英國國民雖受租稅的負擔，但不受其他損害。貴金屬也不會輸出。寬幅布料的價格，雖在英國上升，但其他一切物品的價格則與以前一樣。

縱使不給退稅，租稅也未必有減少外國貿易數量的傾向。縱使如前所假定，英國因對寬幅布料的租稅而妨礙寬幅布料的輸出，但因貨幣運出國外，英國轉眼可能輸出其他某種物品。這一情形的理由，也適用於其他一切情形，這是容易瞭解的。徵收高租稅的國家，也許與全不徵收租稅時，有同程度的輸出。但是，如果過去既未採用，也幾乎未嘗採用像藉用津貼相抵關稅與退稅，來完全補償既定關稅，那麼，該國就不會與以前同樣有利的輸出。

各種物品的貨幣原價，乃有兩種情形，可因課稅而提高：一是若干貨物分別課稅，即像剛才所引的寬幅布料的例子，和二所有物品*按價*課稅。不論在何情形之下，各種物品的價高，換句話說，貨幣的低購買力，都沒有以貨幣運至國外的必然傾向；這有如下述。

在以上所引的事例，只有寬幅布料的價格，因租稅而提高。因此，貨幣的購買力，只對寬幅布料減少。但是，貨幣也不能爲了更有利的購買寬幅布料而流向國外。因其物品，在輸入之時，非付租稅不可。所以，如果退還租稅，則貴金屬的新分配就不會發生。

*從價*稅，如上所述，雖會讓所有物品的價格上升，使貨幣的購買力減少，但沒有使貨幣流向國外的傾向。假使稅金爲10%，則（該國）貨幣的購買力，較周圍各國的水準，減少同

一比例。此時，即使「商人用其貨幣，在外國可以多買 10% 的財貨」，如果在這些財貨輸入的時候，必須支付 10% 的稅金，則仍無好處。這樣一來，如果退稅與用津貼抵銷關稅，各適用於輸出與輸入之時，則一國物品的價格，顯然可因租稅提高超過周圍各國這些價格到任何程度。

詹姆斯・彌爾年表

年代	生平記事
一七七三	生於蘇格蘭，安格斯區，弗福爾都。
一七九〇	進愛丁堡大學，先四年取得學位，再接受長老會的牧師訓練。
一七九八	被蘇格蘭教堂賦予牧師聖職。
一八〇二	赴倫敦，從事新聞工作。
一八〇五	與哈利藹‧布諾（Harriet Burrow）結婚，共育有九位子女。
一八〇六	開始撰寫《英屬印度史》；長子約翰‧斯圖爾特出生。
一八〇八	與邊沁相識。
一八一八	《英屬印度史》書成。
一八一九	任英國東印度公司連絡處的助理審查員。
一八二一	《政治經濟體要素》出版；並補充大英百科全書部分條目。
一八二四	與邊沁創辦《西敏寺評論》。
一八二五	「政治經濟體要素」刊印第三版。
一八二八	發表「論（Essays on ‧政府Government； ‧法理學Jurisprudence； ‧出版自由Liberty of the press； ‧監獄及監獄紀律Prisons and Prison Discipline； ‧殖民地Colonies； ‧民族國家法Law of Nations； ‧教育」Education）。
一八二九	《人類思維現象的分析》刊行。
一八三五	出版《論麥金托什的片言隻語》（*Fragment on Machintosh*）；此書討論倫理問題。
一八三六	6月23日死於倫敦，肯辛頓區（Kensington）。

索 引

經典名著文庫094

政治經濟體要素（經濟學綱要）

作　　　者 —— 詹姆斯·彌爾（James Mill）
譯　　　者 —— 周憲文
審　　　定 —— 李華夏
發　行　人 —— 楊榮川
總　經　理 —— 楊士清
總　編　輯 —— 楊秀麗
文 庫 策 劃 —— 楊榮川
主　　　編 —— 侯家嵐
責 任 編 輯 —— 李貞錚
特 約 編 輯 —— 張碧娟
封 面 設 計 —— 姚孝慈
著 者 繪 像 —— 莊河源
出　版　者 —— 五南圖書出版股份有限公司
　　　　　　地　　　址 —— 台北市大安區 106 和平東路二段 339 號 4 樓
　　　　　　電　　　話 —— 02-27055066（代表號）
　　　　　　傳　　　眞 —— 02-27066100
　　　　　　劃撥帳號 —— 01068953
　　　　　　戶　　　名 —— 五南圖書出版股份有限公司
　　　　　　網　　　址 —— http://www.wunan.com.tw
　　　　　　電子郵件 —— wunan@wunan.com.tw
法 律 顧 問 —— 林勝安律師事務所　林勝安律師
出 版 日 期 —— 2020 年 4 月初版一刷
定　　　價 —— 320 元

版權所有·翻印必究（缺頁或破損請寄回更換）

國家圖書館出版品預行編目資料

政治經濟體要素（經濟學綱要）/ 詹姆斯·彌爾 (James Mill) 著;
周憲文譯 . -- 初版 -- 臺北市：五南, 2020.04
　　面；公分 . -- （經典名著文庫）
　ISBN 978-957-763-910-3(平裝)

　1. 經濟學

550　　　　　　　　　　　　　　　　　　　109002438